아줌마가 3억 벌었어?

『MAITSUKI JUUMANEN WA YUMEJANAI!
'KABU' DE 3000MANEN MOUKETA WATASI NO HOUHOU』
by Yuka Yamamoto
Copyright ⓒ 2004 by Yuka Yamamoto
Korean translation copyright ⓒ 2005 by Hangbokhan Jong
Korean translation rights arranged with DIAMOND, INC., Tokyo
through Imprima Korea Agency.

이 책의 한국어판 저작권은 임프리마 에이전시를 통한
저작권자와의 독점 계약으로 행복한종에 있습니다.
저작권법에 의해 한국 내에서 보호를 받는 저작물이므로
무단 전재와 무단 복제를 금합니다.

✸ 꿈을 이루는 경제 나침반

아줌마가 3억 벌었어?

야마모토 유카 지음_ 민성원 옮김_ **송계신**(파이낸셜뉴스 논설위원) 감수_

행복한 종

머·리·말

샐러리맨, 직장 여성, 주부,
누구나 가능한 성공 주식 투자

아무것도 부족할 게 없는 시대에 태어나고 자란 세대인 우리는 얼마 전까지만 해도 앞날이 불안하다는 말조차 모른 채 생활해 온 느낌이 든다.

컬러텔레비전은 덩치 큰 브라운관이던 것이 폭이 불과 몇 센티미터밖에 안 되는 화면으로 바뀌었고, 값비싼 가전제품이던 전자레인지가 이제는 너무나 흔한 필수품이 되었다. 1만 원 균일, 1,000원 균일 같은 박리다매 비즈니스로 엄청난 실적을 올리는 기업이 등장했고 우리는 원하는 물건을 싼값에 손에 넣게 되었다. 이처럼 물질적으로 풍요로운 시대가 펼쳐짐과 동시에 여기저기에서 장래가 불안하다는 말이 들려오기 시작했다.

연공서열에 따라 해가 갈수록 인상되는 게 당연하던 임금 체계가 무너져 임금이 오르기는커녕 제자리걸음에, 한 술 더 떠 깎이는 경우마저 있는 시대를 맞이한 것이다.

노후의 퇴직금이나 연금이 '당연히 그리고 반드시' 내 손에 들어오리라는 보장은 사라졌다. 이런 시대가 닥쳐오기 전까지는 착실하게 모아 온 저금이나 재산을 위험이 따르는 주식 투자에 운용할 생각을 하는 사람은 무척 드물었다. 그러나 '당연히 그리고 반드시'가 사라져 버린 현재, 위험을 각오하고 자금을 주식 운용에 이용하는 개인 투자자가 늘어난 것은 어쩌면 당연한 일이다. 그리고 기업 역시 개인 투자자에 의존해야 할 만큼 경제의 앞날이 불안한 것이 현실이 되어 가고 있는 것 또한 사실이다.

그럼 아이가 둘 있는 전업 주부인 내가 주식 투자를 시작한 이유는 무엇일까? 그건 간단하고 단순하다. 직장 생활을 하다 결혼을 하며 전업 주부가 된 나는 남편에게 생활비를 받지만 나만의 수입과 나만을 위해 쓸 수 있는 용돈이 없는 게 아쉬웠다. 그리고 나라고 다른 사람들처럼 미래에 불안을 느끼지 않을 수 없었다. 그러나 초보 주부이자 초보 엄마인 내가 돈을 벌기 위해 밖에서 일하려낸 여러 제약과 손실을 감수해야 한다. 그래서 나는 '집에서 살림을 하고 아이들을 돌보며 돈을 벌 방법이 없을까?' 하고 머리를 쥐어짜다 주식 투자를 떠올렸다. 나는 이렇게 해서 흔히 말하는 개인 투자자가 되었다. 지금 이 글을 읽는 사람 가운데 많은 이가 내 이야기에 공감하리라고 생각한다.

아무튼 주식 투자를 처음 시작한 몇 년 전이나 나름대로 작은 성공을 거둔 지금이나 내가 여전히 고민하는 것은 '**어떤 종목을 살까?**' '**언제 살까?**' '**얼마에 팔까?**', 이 3가지다.

이 3가지만 분명히 할 수 있다면 주식 거래는 아주 쉽다. 나는 이 3가지 고민을 덜하면서도 하루에 40분이라는 짧은 시간에 주식 거래를 해 매달 수익을 얻는 방법에 발견했다. 이 방법에 따라 실천할 경우 밑천을 1,000만 원 갖고 있다면, 그것을 1년 후에는 2배인 2,000만 원으로, 2년 후에는 그 2배인 4,000만 원으로, 5년 후에는 3억 원 이상으로 만드는 것이 꿈같은 이야기가 아니다. 거짓말처럼 들릴지 모르지만 나는 정말 그렇게 되고 말았다.

더욱이 **나처럼 전업 주부가 집안일과 육아를 하면서 짬을 내서 할 수 있는 간단한 방법이니 시간에 쫓기는 샐러리맨이나 직장 여성 여러분도 반드시 실현할 수 있다고 확신한다.**

이 책에서 나는 나 자신의 실제 경험을 토대로 주식으로 확실하게 매달 조금씩 돈을 버는 성공 비결과 성공하는 사람의 조건을 설명하겠다. 주식으로 돈을 버는 방법은 알고 있으면서 실행하지 못한다면 그저 그림의 떡일 뿐이다. 당신이 주식 거래에 적합한 성격의 소유자인지, 어떤 점을 보완하면 성공할 수 있는지, 자기 자신을 잘 분석하여 절대로 무리하지 않으며 주식 거래에 임할 수 있다면 앞날에 대한 불안은 곧 앞날에 대한 기대와 즐거움으로 바뀔 것이다.

이 책이 당신의 주식 투자에 도움이 된다면 그보다 더 기쁜 일은 없겠다.

2004년 봄 야마모토 유카

· CONTENTS ·

머리말 샐러리맨, 직장 여성, 주부, 누구나 가능한 성공 주식 투자 4

이 책을 읽으려는 당신에게 내가 주식 투자를 시작한 이유

- 1_ 아르바이트를 하며 기업 보는 안목을 길렀다 14
- 2_ 생활 속에서 발견하는 기업이 주식으로 이어진다 17
- 3_ 마침내 주식 투자에 도전하기로 결심하다 20
- 4_ 텔레비전을 켜놓으면 저절로 주식 공부가 된다 23
- 5_ 처음 산 주식으로 28일 만에 30만 원을 벌었다! 26
  - 애널리스트의 한마디 | 모의 주식 투자 게임으로 실전에 대비하자 29
- 6_ 거래할 종목을 찾지 못해 이윽고 신용 거래를 시작했다 30
- 7_ 1,000만 원이 5년 만에 3억 원이 되었다! 34

제1장_ 당신은 주식 투자에서 성공할 사람인가? 주식 투자에 적합한 성격 특징 10가지

- 1_ 여유 자금이 1,000만 원 이상 있는가? 40
- 2_ 주식 거래를 시작한 경험은 반년이 넘었는가? 42
- 3_ 주식 거래에서 번 돈을 사용할 곳이 있는가? 44
- 4_ 성미가 급한가, 느긋한가? 46
- 5_ 자신의 선택에 대해 고민하고 후회하는가? 48
- 6_ 주어진 환경을 받아들이고 즐기는가? 50
- 7_ 자신감을 갖고 낯선 일에 도전하는가? 52
- 8_ 눈앞의 목표에 만족할 줄 아는가? 54
- 9_ 유행을 찾아내고 그것을 이용할 수 있는가? 56
- 10_ 평소에 육감이 작용하는 편인가? 58

제2장_ 이것만 알고 있으면 안심! 주식에 관한 지식 10가지

- 1_ 주식이 뭐야? 68
- 2_ 주가가 뭔데? 71
- 3_ 주식은 어디에서 사고팔지? 74

- 4_ 계좌는 어떻게 만들지? **76**
  - • 애널리스트의 한마디 | 나에게 맞는 증권회사를 선택해 계좌를 개설하자 **78**
- 5_ 주식은 1주, 2주도 살 수 있을까? **80**
  - • 애널리스트의 한마디 | 주식 매매에는 거래 가능한 숫자가 정해져 있다 **82**
- 6_ 주식을 사고파는 방법에는 어떤 게 있지? **84**
  - • 애널리스트의 한마디 | 자신의 상황에 맞는 주문 방법을 찾는다 **87**
- 7_ 주식 거래에는 어떤어떤 비용이 들까? **88**
  - • 애널리스트의 한마디 | 수수료와 세금을 계산해 보자 **90**
- 8_ 차트 읽는 법 1 — 봉 차트 **92**
- 9_ 차트 읽는 법 2 — 추세선 **98**
- 10_ 차트 읽는 법 3 — 이동평균선 **102**
  - • 애널리스트의 한마디 | 그랜빌이 제시한 거래 시점 8가지란? **106**
  - • 애널리스트의 한마디 | 이동평균선 그리는 법을 알아 두자 **108**

제3장_ 이것들을 지키면 실패하지 않는다! 종목 선택의 법칙 10가지

- 1_ 주식 투자 성공의 반은 종목 선택에 의해 좌우된다 **112**
- 2_ 증권회사의 정보 서비스를 이용한다 **116**
  - • 애널리스트의 한마디 | 증권회사에서 제공하는 정보를 빠짐없이 이용하자 **112**
- 3_ 계절 종목은 시즌 몇 달 전부터 체크한다 **124**
  - • 애널리스트의 한마디 | 주식에도 제철 주식이 있다 **128**
- 4_ 일상생활에서 히트 상품을 찾아라 **130**
- 5_ 저가주, 고가주, 유행 품목을 찾아내자 **134**
  - • 애널리스트의 한마디 | 주식을 부르는 여러 이름을 알아 두자 **138**
- 6_ 돈이 되는 종목과 같은 업종, 관련 업종의 종목을 찾는다 **140**
- 7_ 어느 정도 오르내림이 있는 차트가 좋다 **144**
- 8_ 결산 후에도 주가를 체크하자 **148**
  - • 애널리스트의 한마디 | 주식으로 돈을 버는 데에는 배당도 있다 **152**
- 9_ 환율 변동으로 돈이 되는 종목을 파악하자 **154**

· CONTENTS ·

- 애널리스트의 한마디 | 환율의 변화에 민감해지자 158
- 10_ 외국인 투자자는 대단하다! 160
  - 애널리스트의 한마디 외국인 투자자의 움직임을 지켜보자 162

제4장_ 이것들을 지키면 성공한다! 주식 매매 법칙 10가지

- 1_ 사도 좋은 주식, 사지 않는 편이 나은 주식 166
  - 애널리스트의 한마디 | 하루 중 주식 거래가 가능한 시간은 이때다 170
- 2_ 바닥에 사고 천장에 팔 생각은 하지 마라 172
  - 애널리스트의 한마디 | 골이 깊은 종목보다 중턱에서 숨을 고르고 있는 종목을 찾자 176
- 3_ 상승 추세에서는 여러 번 사고팔도록 한다 178
- 4_ 맛있는 종목은 뼛속까지 물고 늘어져라 182
- 5_ 때로는 물타기와 손절매가 필요하다 186
- 6_ 호가 정보를 제대로 활용하자 190
  - 애널리스트의 한마디 | 주식 정보가 가득한 사이트들을 활용하자 194
- 7_ 단층집이 최고, 이층집은 조심하자 196
- 8_ 주식 거래에서도 절약 정신을 잊지 말자 200
  - 애널리스트의 한마디 | 신문의 주식 시세표는 이렇게 읽는다 204
- 9_ 바쁜 사람에게는 3가지 매매 방법이 있다 206
- 10_ 자동 매매 프로그램을 익히면 주식 인생은 장밋빛 210
  - 애널리스트의 한마디 | 최근 주식 시장의 흥미로운 변화 215

제5장_ 알고 있으면 이득! 신용 거래의 기초 지식 10가지

- 1_ 신용 거래라는 게 뭐지? 218
- 2_ 신용 거래는 누구나 할 수 있을까? 220
- 3_ 신용 거래 계좌는 어떻게 만들 수 있지? 222
  - 애널리스트의 한마디 | 신용 거래를 하기 위한 준비는 이렇게 한다 224
- 4_ 신용 거래에는 어떤 비용이 얼마나 들까? 226

- 5_ 신용 거래라면 주가 침체와 관계없다! 228
- 6_ 신용거래증거금이 크면 거래 금액도 커진다 230
  - • 애널리스트의 한마디 | 신용 거래에 따르는 조건들 232
- 7_ 단기 승부로 가자 234
- 8_ 추가 담보에 조심하자 236
  - • 애널리스트의 한마디 | 신용 거래에서는 이것들을 피하자 238
- 9_ 다음을 위해 손절매가 필요할 때도 있다 240
- 10_ 신용 거래에서 배당 투자를 하는 방법 242

제6장_ 그래도 돈은 번다! 일상생활과 주식 투자 생활

1_ 하루에 40분만 있으면 주식 거래를 할 수 있다 246
2_ 신문을 읽지 않는다, 공부를 하지 않는다, 그래도 돈은 번다 251
3_ 운과 시간이 없으면 대박 주식은 발굴하지 못한다 257

옮긴이의 글_ 주식 투자에 성공한 아줌마 투자자 260

부록

알아 두면 유용한 인터넷 사이트 266

일·러·두·기

1. 본문에 있는 박스 속 용어 풀이는 독자의 이해를 돕기 위해 행복한쥐 편집부에서 만든 것입니다.
2. 용어 풀이는 처음 나오는 곳에만 두었으므로 필요한 때에는 「찾아보기」를 이용해 찾아보십시오.
3. 「애널리스트의 한마디」는 본문에서 다루고 있는 내용을 독자 여러분이 우리의 상황에 맞게 이해하고 실천할 수 있도록 우리 주식 전문가가 쓴 것입니다.
4. 책 뒤에 실린 「알아 두면 유용한 인터넷 사이트」에는 주식 투자뿐 아니라 경제 생활에 관련된 모든 기관, 단체의 홈 페이지 주소를 망라하여 행복한쥐 편집부에서 만든 것입니다.

이 책을 읽으려는 당신에게
내가 주식 투자를 시작한 이유

1 아르바이트를 하며 기업 보는 안목을 길렀다 |14|

2 생활 속에서 발견하는 기업이 주식으로 이어진다 |17|

3 마침내 주식 투자에 도전하기로 결심하다 |20|

4 텔레비전을 켜놓으면 저절로 주식 공부가 된다 |23|

5 처음 산 주식으로 28일만에 30만 원을 벌었다! |26|

6 거래할 종목을 찾지 못해 이윽고 신용 거래를 시작했다 |30|

7 1,000만 원이 5년 만에 3억 원이 되었다! |34|

아르바이트를 하며
기업 보는 안목을 길렀다

1

생활비와는 별도로 한 달에 20만 원 정도의 용돈이 있으면 좋겠다고 생각했다. 일하지 않고 집에 있으며 다달이 20만 원쯤 되는 수입이 생기는 일이 없을까 궁리했다. 그러나 매달 그 몇 배나 되는 돈을 벌게 되다니 상상조차 하지 못한 일이었다.

결혼을 계기로 교직 생활에 마침표를 찍은 나는 이것저것 일거리를 찾다 친구의 권유로 의료 관련 소프트웨어 개발 회사에서 아르바이트를 하기로 했다. 전부터 컴퓨터로 문서 작성쯤은 하고 있었으나, 관련 소프트웨어 개발 같은 것은 해본 적이 없었다. 하지만 늘 새로운 일에 도전하기를 좋아하는 나는, 바꾸어 말하자면 싫증을 잘 내는 성격의 나는 미지의 세계에 흥미를 느꼈다.

나에게 주어진 일은 각 기업에 맞는 사원의 의료·건강관리 소프트웨어를 제안하는 것이었다.

내가 소프트웨어를 판매해야 할 상대방은 대기업의 복지후생과 직원이지만, 실제로 사용할 사람은 의료업계에 종사하는 의사나 간호사·보건사들이었다. 그러므로 건강 진단에 사용되는 전문 용어,

그림 1. 일하지 않고 집에서 돈 버는 방법

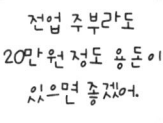
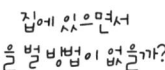

이를테면 GOT · GPT · 백혈구 · 적혈구 등 어려운 말들이 난무했다. 나는 마침 운 좋게도 연구 기관에서 의학과 생물학에 관련 있는 일을 했던 경험이 있기에 그런 것들에는 어느 정도 자신이 있었다.

그런데 이 소프트웨어는 나 같은 주부로서는 감히 생각 못할 대단히 고가의 상품이었다. 옷으로 말하자면 기성복이 아니라 맞춤복인 셈이다. 기업의 규모에 따라 다르나, 컴퓨터 한 대에 까는 소프트웨어가 수천만 원인 데다가 컴퓨터를 여러 대 연결해 사용하는 경우가 일반적이니 억 단위의 돈이 오가는 비즈니스였다.

이 같은 고가의 소프트웨어를 구입할 수 있는 기업은 대부분이 대기업이고 누구나 이름만 들어도 알 만한 **상장** 기업뿐이었다.

'어? **주식** 책인데 웬 아르바이트 이야기지?' 하고 생각하는 사람이 있을 것이다. 이 아르바이트가 나에게 지금의 막대한 이익을 가져다 준 요인 가운데 하나이니 조금만 더 아르바이트 이야기를 하겠다.

---

* 상장
증권선물거래소가, 어떤 기업이 발행하는 주식을 증권 시장에서 매매할 수 있도록 자격을 부여하는 것. 주식이 상장되려면 먼저 기업이 공개되어야 한다.

* 주식
주식회사의 자본을 이루는 단위로서, 줄여서 '주'라고 하며 소유주를 '주주'라고 한다. 이 주식 금액을 적어 출자한 사람에게 발행하는 유가증권(흔히 증권이라고 한다)이 주권이다. 하지만 일반적으로 주식과 주권은 동일한 개념으로 사용되기도 한다. 따라서 주식=주권=유가증권으로 생각할 수 있다.

생활 속에서 발견하는 기업이 주식으로 이어진다

2

이렇게 해서 나는 소위 전화 영업이라는 것을 하게 되었다. 상장 기업에 무려 600통에 이르는 전화를 걸었다. 기업의 복지후생과에 근무하고 있는 사람 중에는 원래 상냥한 사람이 많은 건지 모두 친절하게 전화를 받아 주었다.

대기업이라고 하더라도 수천만 원이나 하는 소프트웨어를 선뜻 구매할 수 있는 곳은 그리 흔치 않다. 표면적으로는 사원의 건강이 최우선이라고 말하지만, 사원의 건강관리에 큰 돈을 사용하느니 다른 용도에 그 돈을 쓰는 경우를 많이 볼 수 있었다. 반대로 사원의 건강관리에 어마어마한 돈을 투자하는 기업은 상당한 실적을 올리고 있는 기업이라는 사실을 자연히 알게 되었다.

그중에는 "우리 회사는 말이죠, 올해는 매출이 좋지 않아서 보너스도 삭감될 것 같아요. 우리 제품 좀 사용해 주세요. 어쨌든 소프트웨어는 당분간 살 수 없을 것 같네요"라며 내부 사정을 가르쳐 주는 사람까지 있었다. 그런가 하면 한 유명 백화점처럼 "아르바이트 사원이 너무 자주 병원에 가니까 회사가 직접 건강관리를 해서 의료비 부담을 절감하고 싶습니다. 소프트웨어를 구매하겠습니다"라고 말하는 기업도 있었다. 이 소프트웨어 판매 아르바이트를 시작하고 기업의 내부 사정을 조금씩 알게 되자 이상하게도 일상생활에서 기업의 이름에 매우 민감해졌다.

예를 들어 아르바이트를 하기 전까지는 백화점의 지하 식품 매장에서 장을 볼 때 그저 단순히 맛있을 것 같은 재료나 반찬을 샀다. 그러나 아르바이트를 시작하고부터는 '이 반찬은 어느 회사 것일까?' '사람들이 줄지어 서 있는 저 제과점의 **모회사**는 어디지?' '이건 보기보다 맛없는데. 이 회사는 잘 안 되겠군' 하며 기업에 관심을 갖고 여러 생각을 하게 되었다. 또 길을 걷다가 전봇대에 올라가 작업하고 있는 사람들을 보면 무의식적으로 주변을 두리번거리며 그 사람들이 타고 온 자동차를 찾아본다.

> * **모회사**
> 두 개의 회사 사이에 지배와 종속의 관계가 있는 경우, 전자를 모회사(지배 회사)라고 하고 후자를 자회사(종속 회사)라고 한다.

'이 회사가 어떤 회산지는 모르지만 자주 보는 이름인데' 하는 식으로 하던 생각이 주식으로 이어진 것이다. '전봇대=전선=전화=전신전화 회사'라는 지금까지의 연상에서 한 걸음 나아가 '전신 전화 회사 → 전기 통신 공사 → 건설업'으로 확대되어 갔다.

어쨌거나 내 아르바이트 생활은 겨우 반년으로 끝났다. 그때는 아르바이트에서 얻은 것이라고는 컴퓨터에 관한 약간의 지식이라고 생각했다. 하지만 지금 돌이켜 보면 큰 이익을 남기고 있는 기업과 그렇지 못한 기업을 구분할 줄 아는 눈이 이 시기에 길러진 듯하다.

그림 2. 일상생활과 기업의 주식

3 마침내 주식 투자에 도전하기로 결심하다

아르바이트 생활 이후에는 기대해 마지않던 실업 급여 생활이 시작되었다. 마침 실업 급여가 지급되기 시작한 무렵이어서 나는 홀가분한 마음으로 전업 주부가 되었다. 게다가 다달이 남편에게서 생활비를 건네받았다. 아, 일하지 않고 돈을 받는 기쁨이 얼마나 크고 짜릿하던지. 더욱이 매달 계좌로 실업 급여까지 들어왔다. 꼭 일하지 않고 매달 보너스를 받는 기분이었다.

하지만 실업 급여를 받을 수 있는 마지막 달이 다가오자 초조해지기 시작했다.

'이래서는 안 되는데. 슬슬 일을 해야겠어.'

집안일에 서툰 새내기 전업 주부인 나는 살림을 하기는커녕 쇼핑을 다니고 친구들과 만나 차를 마시며 생활비와 실업 급여를 물 쓰듯 써버린 것이다.

'일하자!'

신참 주부가 밖에서 일하면 집안일을 소홀히 하기 십상이다. 완벽한 양립은 무리다.

'그렇다면 집에서 일을 하자.'

나는 결단 하나는 빠른 편이다.

이렇게 생각한 다음 인터넷에서 **소호**(SOHO : Small Office Home Office)에 대해 검색했는데, 의외로 정보가 많지 않았다. 나도 충분히 할 수 있을 것 같은 워드프로세서나 홈페이지 제작 관련 회사 몇 곳에 전화를 걸어 보았다. 내가 원하기만 하면 척척 순조롭게 될 거라고 생각하고 있었으나 그렇게 되어 가지 않는 게 세상의 이치일까?

> *소호
> 원래는 정보 통신 기술의 발달에 힘입어 새로운 아이디어를 가지고 집에서 일하는 개인 사업자를 의미했으나 프리랜서, 자영업자, 재택 근무자 등을 포괄하여 지칭하기도 한다. 우리 나라 금융권에서는 숙박업, 음식점업을 영위하는 개인 자영업자를 소호 업종으로 분류하고 있다.

"이 일을 하려면 먼저 전용 기기를 구입하셔야 합니다."

"우선 자료를 읽고 3개월 이상 공부하신 다음, 아 물론 교재비는 부담하셔야 합니다."

말하자면 일을 하는 데에도 돈이 드는 것이다. 내가 어리석었다. 이 회사들은 일을 주는 회사가 아니라 기계나 교재를 팔아 돈을 버는 회사였던 것이다. 나는 다행히 그것들을 사지 않았다. 하기는 그때의 전 재산은 그것들을 사기에도 부족했다. 생활비는 몽땅 썼고 실업 급여 역시 거의 바닥을 드러내고 있었던 것이다.

'좋아. 소호는 그만둬야겠어. 역시 주식이야.'

나는 당장 결심을 했다.

'주식'이라는 두 글자가 뇌리를 스쳐 간 순간 결정했다. 그날로 당장 헌책방에 가서 발행 날짜가 최신인 것 순서로 주식에 관한 책 여섯 권을 구입했다.

왜 하필이면 서점이 아닌 헌책방으로 갔을까? 거기에는 그만한 이유가 있다. 많이 팔리고 있는 책일수록 헌책방에 빨리 들어오기 때문이다. 반면에 잘 팔리지 않는 책은 헌책방에 꽂힐 기회마저 없다. 헌책방에 있는 주식에 관한 책 가운데 출판 날짜가 너무 오래된 것은 제외하고 올해나 전년도 책 위주로 여섯 권을 샀다.

나는 주식의 주 자도 모르는 캄캄한 문외한이었기 때문에 한 권 한 권 차례대로 읽어 나갔다. 의미를 이해하진 못하지만 한 줄도 건너뛰지 않고 읽었다. 주식 투자를 시작하기 위해 1만 2,000원을 투자하고 사흘이라는 시간을 썼다. 이제 물러설 곳이 없다. 나흘째 되는 날 아침, 이윽고 실행에 옮겼다.

"나중에 배로 만들어 갚을 테니까 500만 원만 꿔줘."

잠에서 막 깬 남편에게 여느 때보다 한 옥타브 올라간 코맹맹이 소리로 부탁해 보니, 배로 만들어 갚겠다는 말이 효과가 있었던 건지 잠이 덜 깼던 건지 남편은 뜻밖에 선선히 승낙해 주었다. 이제 다음 순서는 인터넷으로 증권회사들에 대해 조사해 보고 마음에 드는 곳을 선택하여 계좌를 개설하는 것이다.

이런 과정을 거쳐 주식 투자를 해보겠다는 결심을 한 2주일 후 나는 컴퓨터 앞에 앉은 신참 투자자가 되어 있었다.

텔레비전을 켜놓으면 저절로 주식 공부가 된다

4

그럼 내가 주식을 시작하기까지의 2주일 동안 책만 읽으며 얌전히 있었을까? 아니다. 그렇게 아깝게 시간을 보낼 수는 없었다. 컴퓨터 앞에 앉아 인터넷으로 주식에 관해 이것저것 뒤져 보다 우연히 재미있는 것을 발견했다. 그것은 바로 **주가** 예상 선수권'이라는 게임으로, 매주 과제로 제시되는 **종목**의 4주일 후 주가를 맞히는 단순한 내용이었다. 4주일 후 주가에 가장 가깝게 맞힌 사람부터 순위를 매겨 10위 안에 들면 홈 페이지에 이름이 실리고, 1위를 하면 상품권을 준다.

계좌를 개설할 때까지 연습하자고 마음먹고 즉시 도전했다.

> * 주가
> 주식의 가격. 주가에는 액면가와 시가가 있는데 액면가는 발행 시 주권에 기재되어 있는 금액이고, 시가는 주식 시장에서 거래되는 금액이다. 주가는 투자자의 매수(수요)와 매도(공급)의 관계로 결정된다. 증권선물거래소를 통해 매매된 주식의 시가를 주식 시세라고도 부른다.
>
> * 종목
> 증권선물거래소에서 거래되고 있는 주식유가증권의 명칭 또는 고유 번호.

그런데 주가 예상 선수권 게임에서 출제된 기업의 이름이 우연히 텔레비전의 주식 뉴스에서 흘러나왔다. 텔레비전을 켜고 있으면 자연히 주식 공부가 되다니 게으른 주부인 나에게 딱 맞는다. 이렇게 해서 오전 중의 주식 뉴스 시청은 나의 일과가 되었다.

오후 시간을 어떻게 사용할까 생각하다 집과 멀지 않은 곳에 있는 회사에서 오후 1시에서 4시까지 일하기로 했다. 만약 주식으로 크게 손해를 보더라도 남편에게 갚을 돈은 벌어 두어야겠다고 생각했기 때문이다. 내가 일한 곳은 통신 교육업계 최대 기업의 인사부였다. 나는 전무의 회의 자료를 작성하는 일을 맡았는데, 그 회사의 다음 해 인사 계획과 신규 사업 계획·결산 보고서 등 1급 비밀 정보를 볼 수 있었다. 일을 마치고 돌아오면 그 회사의 **주가 차트**를 보거나 유사한 기업을 조사하여 비교하는 것이 취미가 되었다.

그 무렵 그 통신 교육 기업에서는 주식을 분할할 예정이어서 사원에게 주식을 사도록 권하고 있었다. **주식 분할** 후에는 주가가 상승하여 돈을 버는 경우가 많으므로 인사부 사람들의 반수가 주식을 사거나 추가 구입을 하고 있었다. 그러나 나는 마음속으로 '나라면 절대로 이 회사의 주식은 사지 않겠는데'라고 생각했다. 과연 내 생각대로 그 회사의 주식은 주식 분할을 거친 다음 주가가 줄곧 내려가기만 했다.

---

* 주가 차트
주가의 움직임을 그래프로 만든 것. 주가의 흐름을 가늠해 볼 수 있는 효과적인 도구 중 하나로, 매일매일의 주가 변동을 기록해 놓아 주식 투자에 있어 시세의 전환점을 알기 위한 참고 자료가 된다. 주가 차트는 시세의 흐름, 과거의 패턴 및 투자 심리 등을 담고 있어 미래의 주가 변화를 예측하는 데 도움이 된다. 주가 차트의 종류에는 매일의 종가를 직선으로 연결한 선형 차트, 일정 기간 동안 시가·종가·고가·저가를 하나의 봉에 표시한 봉 차트가 대표적이다.

* 주식 분할
1주를 여럿으로 나누어 주식 수를 늘리는 것. 예를 들어 1주를 2주로 분할하면 그 주식을 보유하고 있던 사람의 보유 주식 수는 자동적으로 2배가 된다. 그러나 주식 수가 2배가 된다고 자산 가치가 2배가 되는 것은 아니다. 이론상 1주의 가치는 반이 되므로 자산 가치는 분할 전후가 똑같다.

그림 3. 주식 거래를 시작하기 위한 준비

1 통신 교육 회사에서 아르바이트를 한 결과 건실한 기업을 구분하는 눈을 길렀다.

2 1만 2,000원을 투자해 주식에 관한 책 여섯 권을 구입하여 관련 지식을 익혔다.

3 주가 예상 선수권에 도전해 주식 거래의 실천법을 터득했다.

처음 산 주식으로 28일 만에 30만 원을 벌었다!

5

남편에게서 빌린 500만 원과 실업 급여의 잔고 등 이렇게 저렇게 모은 500만 원을 합하니 1,000만 원이 되었다.

이 돈으로 내가 처음 산 종목은 무엇이었을까? D철강회사였다. 왜 이 종목을 샀느냐 하면 여러 해 전에 어머니가 증권회사에서 추천을 받았었기 때문이다. 시기는 어찌 되었든 주식의 프로가 권하는 기업은 어떤 곳일까 싶어 최신 자료를 조사해 보니 기업 소개 첫 줄에 '세계 최대 특수강 전문 기업'이라고 씌어 있었다. 나는 원래 '국내 최고' '세계 최고' 같은 말에 맥을 못 춘다.

인터넷으로 주가를 살펴보니 가격도 괜찮았다.

'제법 쓸 만한데. 좋아, 내일 산다!'

의기양양하게 실행에 옮겼으나, 1주일이 지나도 2주일이 지나도 주가는 제자리걸음만 할 뿐이었다. 3주일째에는 맥주를 마실 수 없을 만큼 위가 아팠다. 그리고 잊으려야 잊을 수 없는 28일째. 주가가 서서히 상승하더니 이윽고 샀던 가격보다 올랐다.

'해냈다! 팔자!'

그림 4. 나의 첫 주식 거래

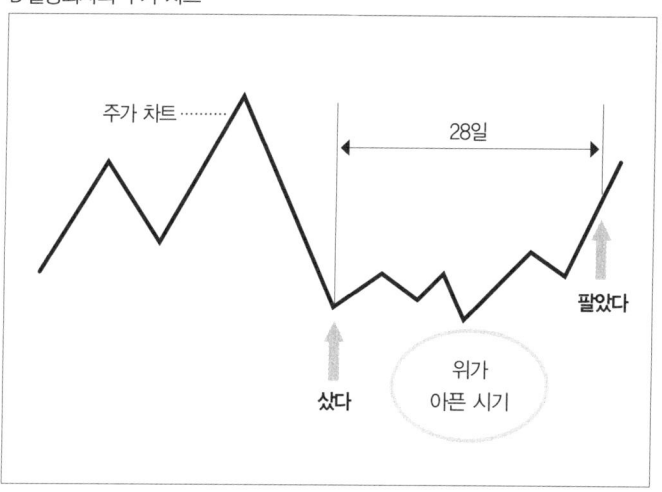

나는 첫 주식 거래에서 30만 원 남짓한 이익을 챙길 수 있었다.

기쁘게도 D철강회사의 주식이 팔린 날 한 통의 우편물이 배달되어 왔다. 뜯어 보니 상품권 한 장과 편지가 들어 있었다.

"1위를 하신 것을 축하합니다. 약소하지만 상품으로 받아 주시면 감사하겠습니다. 주가 예상 선수권……."

새까맣게 잊고 있던 주가 예상 선수권 사이트를 보니 내 아이디가 제일 위에 올라 있는 게 아닌가.

좀 단순한 생각이긴 하지만 나는 이날 비로소 나 자신이 주식에 잘 맞는다고 확신했다. 책에서 얻은 지식과 타고난 감, 배짱과 판단력으로 반년 후에는 1,000만 원에서 출발한 밑천이 1,500만 원이 되었다. 이렇게 가면 1년 후에는 3,000만 원이 될 거라는 기대에 부풀어 더욱 분발했다

애널리스트의 한마디

모의 주식 투자 게임으로 실전에 대비하자

한 푼 두 푼 모아 만든 자금으로 주식 투자를 시작하기 전에 이 책의 저자처럼 가벼운 마음으로 각 증권회사나 주식 관련 사이트의 투자 게임에 먼저 참가해 보는 것도 좋은 방법일 듯싶군요. 어렵게 모은 돈을 갖고 실제로 주식을 사고팔기 전에 연습삼아 이런 게임을 즐기면서 주식에 대한 감을 익힐 수 있을 테니까요. 인터넷에서 잘 찾아보면 이런 주식 관련 게임이 많은 것에 놀랄 겁니다. 꼭 주식 관련 사이트가 아니라도 검색 엔진 네이버(www.naver.com)나 다음(www.daum.net)의 증권란에 들어가면 모의 투자 대회가 있어 쉽게 연습할 수 있습니다.

물론 직접 돈으로 하는 것과는 차원이 틀리지만, 가상의 공간에서 자기가 구입한 단가와 주식 수를 입력하며 간접적으로나마 주식 투자의 원리를 파악할 수 있고 성과가 좋으면 자신감을 가질 수 있어 도움이 되겠죠. 모의 투자나 투자 게임을 즐길 수 있는 사이트에는 다음과 같은 것들이 있습니다.

http://www.neovision.co.kr 모의 주식 투자
http://www.truefriend.com 사이버 증권 대학으로 들어가서 모의 투자
http://www.iflg.co.kr 교육 센터로 들어가서 모의 투자
http://gemizip.com 수익률 대회   http://www.bnb.co.kr 모의 투자 게임
http://www.goodi.com 투자 게임
http://www.brandstock.co.kr 이벤트로 들어가서 수익률 대회

거래할 종목을 찾지 못해
이윽고 신용 거래를 시작했다

하지만 경제가 점차 기울기 시작하더니 주식이 침체기로 접어들었다. 엎친 데 덮친 격으로 아이를 낳아 육아와 집안일에 매이는 바람에 도무지 주식을 연구하고 거래할 시간을 가질 수가 없었다. 한 달 동안 투자 금액의 10% 정도씩 꼬박꼬박 불어나던 돈이 주식 투자를 시작한 지 1년이 넘자 10%를 넘기기는커녕 주가가 내려가 어떤 달은 오히려 손해를 보는 일마저 있었다.

'여기에서 끝내고 손을 들면 남편에게 빌린 돈을 갚을 길이 없는데······.'

하루 종일 고민에 고민을 거듭했다. 그리고 마음을 비우고 살림을 하고 아이를 키우면서 내가 자유롭게 사용할 수 있는 용돈으로 한 달에 20만 원만 벌면 만족하자는 결론에 이르렀다. 그러나 이미 때가 늦었다. 마음가짐은 겸손해졌지만 주가가 저조할 뿐 도무지 돈벌이가 될 만한 주식을 찾을 수가 없었다.

'시간 여유가 있으면 주가 차트나 기업에 관한 자료를 찾아볼 텐데······. 그러다 보면 오르고 있는 주식을 발견할지도 모르고.'

머리를 감싸 쥐고 끙끙거리다가 다음날 **신용 거래**를 하기로 결정했다.

신용 거래는 자기가 갖고 있는 돈 이외에 증권회사에게서 돈을 빌려 주식을 사고팔 수 있는 제도다. 그러니 이익도 그만큼 커질 거라는 것이 내가 신용 거래를 시작한 이유의 하나다.

사실 좀 더 커다란 이유는 주가가 낮을 때 사서 오르면 파는, 즉 주식을 싸게 사서 10원이라도 비싸지면 파는 일

> * 신용 거래
> 주식을 매매하고자 하는 투자자가 자금이나 주식을 갖고 있지 않은 경우 증권회사에서 자금을 빌려서 주식을 사거나 주식을 빌려서 파는 매매 거래. 이때 자금을 빌리는 것은 융자, 주식을 빌리는 것은 대주라고 한다. 예를 들어 주식을 사고 싶은데 충분한 자금이 없을 때, 주가가 내려갈 것 같아 팔고 싶은데 주식을 갖고 있지 않을 때, 투자자가 주식을 사고팔 수 있도록 증권회사가 매수 대금이나 주식을 빌려 주는 것을 말한다.

반 거래와는 반대의 거래가 가능하다는 것이었다. 말하자면 신용 거래에서는 주가가 높을 때 증권회사에게 주식을 빌려서 팔고 더 내려가면 주식을 되살 수 있다. 이 방법으로라면 주가가 하락하고 있는 기업의 주식도 사고팔 수 있다.

주가가 오르내리는 것에 관계없이 거래가 가능하다면 거래할 종목을 찾는 데 그리 많은 시간이 들지 않는다. 과연 예상대로 아이에게 우유를 먹이면서 또는 아이가 낮잠을 자고 있는 동안 몇십 분을 이용해 거래할 종목을 찾을 수 있었다.

또 신용 거래로 증권회사의 계좌에 맡겨 두고 있는 돈보다 큰 금액을 거래할 수 있어 많은 주식을 사고파니까 이익 또한 커졌다. 다만 착각해서는 안 되는 점이 있다. 다름 아니라 이익이 크다는 것은 그만큼 **리스크**(손실)도 크다는 것을 의미한다는 사실이다.

> ** 리스크*
> 자금 운용에서 앞으로 손해를 볼지, 약간의 이익을 남길지, 예상 이상으로 커다란 이익을 남길지 등이 분명하게 결정되어 있지 않은 것. 손해를 본다는 의미만이 아니라 예상대로 되지 않을 가능성을 말한다.

주식거래의 성공 비결은 자기 자신을 과대평가하지 말고 겸손한 마음가짐을 갖는 것이다.

'조금씩이라도 확실하게 이익을 확보한다.'

나는 항상 이 점을 명심하며 주식 거래를 한다.

'어느 정도가 조금인가? 어느 정도를 목표로 하여 이익을 확보하느냐?' 하는 것은 투자자 개인에 따라 다르다. 그러나 나는 매달 원금의 10% 이익을 올리는 것을 목표로 하고 있다. 물론 '이미 10% 벌었으니까 쉬어야지' 하는 일은 없지만, **10% 벌면 만족하겠다는 마음의 여유를 갖고 주식을 거래**하는 것이다.

왜 10%냐고 물어 온다면 대답하기 곤란하지만, 나는 주부로서 남편에게 생활비를 받는 입장이기 때문이라고 답하겠다. 딱히 꼬집어서 말하자면 나와 아이를 위한 용돈으로 생활비의 10% 정도를 사용해도 좋다고 나름대로 정해 놓고 있을 뿐이다. 생활비가 100만 원이라면 10만 원을, 150만 원이라면 15만 원을 나와 아이가 갖고 싶은 것을 사거나 하고 싶은 곳에 쓴다는 생각이다.

앞으로 주식 투자를 해보려고 하는 여러분도 원금의 10% 정도의 이익을 남긴다는 생각이라면 마음 편하게 시작할 수 있을 것이다.

그림 5. 일반 거래와 신용 거래의 차이

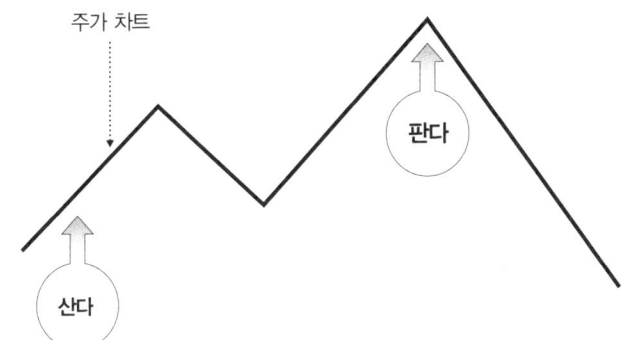

주가가 낮을 때 사고 주가가 높을 때 팔면 이익을 얻을 수 있다.

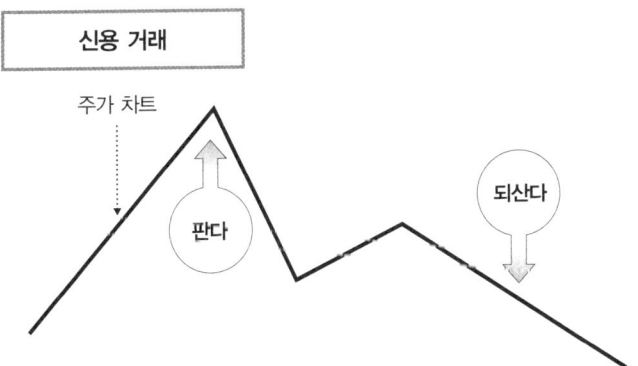

신용 거래는 주가가 높을 때 팔고 주가가 낮을 때 되사는 거래도 가능하다.

7

1,000만 원이 5년 만에 3억 원이 되었다!

겨우 10%라고 얕잡아 보아서는 안 된다. 예를 들어 1,000만 원이 있다고 하자. 1,000만 원의 10%는 100만 원이고, 앞에서 이야기한 대로 매달 100만 원의 이익을 확보하면 1년에 1,200만 원이다. 그러나 그렇게 의도대로 되어 가지는 않는다.

때로는 여름휴가, 겨울휴가를 즐기기 위해 여행을 가기도 하므로 주식에 이용하는 개월 수를 연간 10개월로 잡아 1,000만 원의 이익을 남긴다고 하자. 밑천인 1,000만 원과 합하면 2배인 2,000만 원이 된다. 다음 해에는 밑천이 2,000만 원이 되므로 10%는 200만 원이다. 마찬가지로 생각하면 1년 후에는 또 2배인 4,000만 원이다. 이렇게 계산해 가면 5년 후에는 3억 원 이상이 되는 것이다. 겨우 10%로 시작하지만 대단한 10%가 된다.

'설마' 하고 의심스러운 생각이 드는 사람이 많을 것이다. 이렇게 말하는 나도 '설마'라고 생각했으니까. 하지만 내가 그렇게 실천했으니 믿는 수밖에 없다. 그 증거로 나의 최근 주식 거래 성적(매매 보고서)을 37페이지에 실었으니 참고하기 바란다.

나는 한 살, 세 살 난 두 아이의 엄마다. 아침에 일어나 밥을 짓고, 청소하고, 빨래를 한 다음 아이들을 데리고 공원에 갔다가 장을 보고는 점심 식사를 하고, 다시 산책을 나가고, 저녁 식사를 준비하고……. 이것이 하루도 거르지 않고 계속되는 나의 일과다.

하루 중에서 주식 거래에 사용할 수 있는 시간은 아침의 40분뿐이다. 밤에 아이들을 재운 다음 주가 차트를 잠깐 훑어보는 정도로 현재까지 **10% 이익 확보의 법칙**을 실현할 수 있다.

아침부터 밤까지 주식 투자에 시간을 이용할 수 있는 사람은 제쳐 놓고 그다지 시간을 낼 수 없는 나 같은 주부나 샐러리맨 중에서 그래도 주식에 관심이 있고 돈을 조금씩이나마 키우고 싶은 사람이라면 꼭 이 책을 읽고 실천해 보자. 돈이 불어나는 것은 물론 지식과 꿈이 커지고 반드시 매일매일이 즐거워질 것이다.

그럼 이제부터 내가 실천하고 있는 주식의 성공 법칙을 하나하나 순서에 따라 구체적으로 설명해 가겠다.

그림 6. 결코 작지 않은 10%

1년 중 주식 거래가 가능한 기간이 10개월이라면

1년 후	1,000만 원이 2,000만 원
2년 후	2,000만 원이 4,000만 원
3년 후	4,000만 원이 8,000만 원
4년 후	8,000만 원이 1억 6,000만 원
5년 후	1억 6,000만 원이 3억 2,000만 원

한 달에 10%의 이익을 목표로 하면 충분해요.

그림 7. 나의 주식 거래 성적표

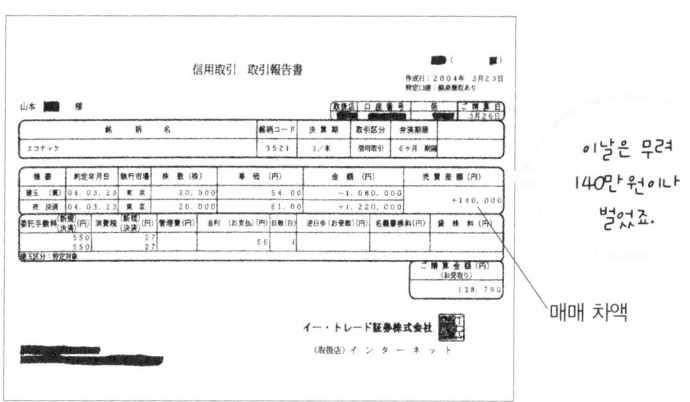

이날은 무려 140만 원이나 벌었죠.

매매 차액

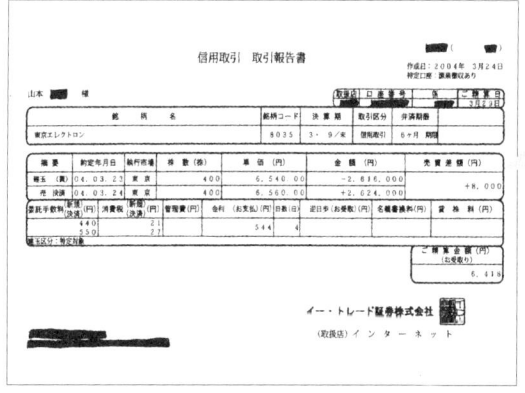

주식을 사고팔다 보면 이렇게 적게 버는 날도 있는 법이에요.

1

당신은 주식 투자에서 성공할 사람인가?
주식 투자에 적합한 성격 특징 10가지

1 여유 자금이 1,000만 원 이상 있는가? |40|

2 주식 거래를 시작한 경험은 반년이 넘었는가? |42|

3 주식 거래에서 번 돈을 사용할 곳이 있는가? |44|

4 성미가 급한가, 느긋한가? |46|

5 자신의 선택에 대해 고민하고 후회하는가? |48|

6 주어진 환경을 받아들이고 즐기는가? |50|

7 자신감을 갖고 낯선 일에 도전하는가? |52|

8 눈앞의 목표에 만족할 줄 아는가? |54|

9 유행을 찾아내고 그것을 이용할 수 있는가? |56|

10 평소에 육감이 작용하는 편인가? |58|

여유 자금이
1,000만 원 이상 있는가?

1

이 장에서는 주식 투자로 작은 돈이라도 확실하게 벌 수 있느냐 없느냐의 여부를 가려 보도록 하자. 우선 다음 페이지 그림의 질문을 보자. 당신의 답이 '예스'라면 이 페이지는 그냥 넘어가도 좋다. 그 다음 페이지 질문의 답도 '예스'라면 그 페이지 또한 그냥 넘어가도 상관없다. 만약 10가지 질문의 답이 모두 '예스'라면 주식 투자에서 성공으로 가는 계단을 오를 수 있는 사람이라고 자신 있게 말할 수 있다.

하지만 첫 번째 문에 씌인 물음부터 답이 '노'라고 해서 "아, 나는 처음부터 답이 '노'이니 주식으로 돈을 벌 수 없나 보다" 하며 비관하지 말자. 그렇다고 결코 주식 투자에서 성공하지 못하란 법은 없다. 다만 나처럼 확실하게 다달이 100만 원 이상의 돈을 벌기 위해서는 자금이 조금 부족하다는 것뿐이다.

시간은 걸릴지 모르지만 1,000만 원의 2분의 1 혹은 3분의 1 정도의 투자 자금이 있다면 주식 투자에서 성공을 거둘 자격은 충분히 있다.

그림 8. 첫 번째 문

주식 거래를 한 경험은 반년이 넘었는가?

2

여기에서는 주식 거래의 경험이 있느냐 없느냐, 또 이미 거래를 시작했다면 어느 정도 되었느냐에 관해 묻고 있다.

주식에 투자할 수 있는 자금의 액수에 따라 달라지지만, 가능한 한 많은 이익을 얻으려면 신용 거래를 이용하는 편이 좋다. 그렇기 때문에 어느 정도의 주식 거래 경험이 반드시 요구된다. 신용 거래가 곧 이익금을 보장하는 건 아니며, 오히려 경험이 없는 사람이 무리해서 하다 보면 일반 주식 거래보다 손해 볼 위험(리스크)이 훨씬 높다.

이제부터 주식을 시작하려는 사람은 준비 운동으로 최소 반년 혹은 20~30회 정도 주식 거래를 해보는 편이 좋다. 그러는 동안 주식 거래에 익숙해져 지식과 감을 기르고 몇십만 원, 몇만 원이라도 돈을 벌었다면 썩 훌륭한 것이다. 급할수록 돌아가라. **주식 투자에서 성공을 거두려면 조바심은 금물이다.**

그림 9. 두 번째 문

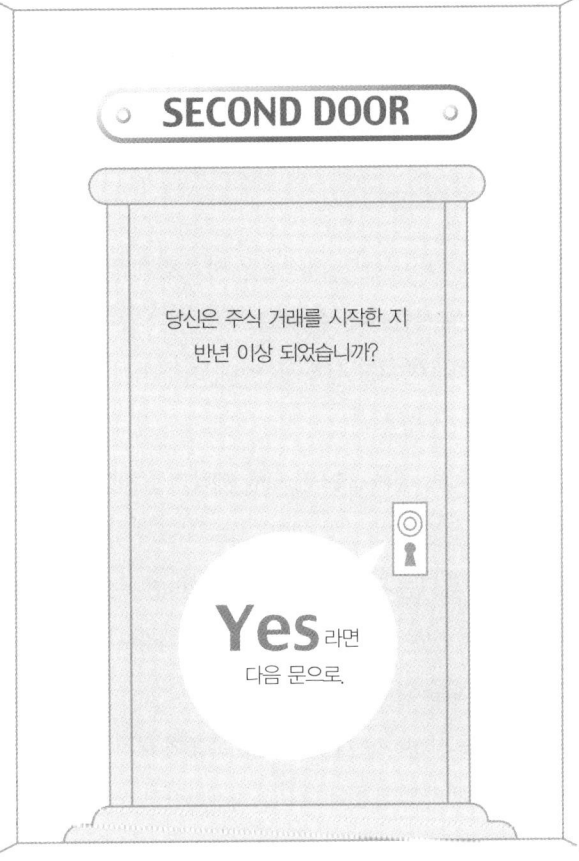

당신의 답이 No라면 제2장을 읽은 다음 증권회사에 계좌를 만드십시오. 그리고 이미 계좌가 있다면 좀 더 경험을 쌓으십시오. 그럼 다음 문으로 갑시다.

주식 거래에서 번 돈을 사용할 곳이 있는가?

3

주식에 관심을 가진 사람의 대부분은 사고 싶은 뭔가가 있다거나 돈을 쓸 데가 있는 사람이다. 주식으로 돈을 벌고 싶다, 빨리 성공하고 싶다고 생각한다면 사고 싶은 물건이 있거나 가까운 장래에 돈을 사용해야 할 용도가 있는 사람이 실현 가능성이 크다.

다시 말해 '100만 원을 모으면 드럼 세탁기를 사야지' '500만 원을 벌면 친구와 유럽 여행을 갈 거야' 하는 목표가 있어야 주식으로 돈을 벌 확률이 높다는 것이다. 조금만 노력하면 목표를 달성할 수 있다고 생각해야 신문 읽기를 싫어하는 사람이라도 신문을 가까이하고, 주가의 변화를 열심히 연구하게 된다.

하나의 목표를 달성하고 나면 새로운 목표에 도전하고 싶어질 게 분명하다. 눈앞의 작은 목표의 달성은 자신감으로 이어진다. 처음에는 보잘것없는 자신감이지만 차곡차곡 쌓여 커다란 자신감으로 성장하고, 커다란 자신감은 커다란 성공으로 이어진다.

벌어들인 돈을 사용할 마땅한 목적 없이 주식 투자를 해보려는 사람은 버는 금액에 신경쓰지 말고 그저 즐기면서 하는 건 어떨까?

그림 10. 세 번째 문

당신의 답이 No라면 무엇을 위해 주식 투자를 하고 싶은지 깊이 생각해 보십시오. 분명 당신이 미처 깨닫지 못한 목적이 있을 것입니다. 그럼 다음 문으로 가십시오.

성미가 급한가, 느긋한가?

4

주식은 낚시와 같다. 물고기가 걸릴 때까지 하염없이 기다리는 느긋한 사람보다 성급한 사람이 낚시에 잘 맞는다고 한다. 주식 또한 느긋한 사람보다 성급한 사람이 잘 맞는다. 물론 지나치게 성급한 것은 곤란하지만, 적당히 급한 사람이 좋다는 뜻이다.

여기에서 성미가 급하다는 것은 바꿔 말해 빠른 두뇌 회전을 의미한다. 무슨 주식을 살까 태평스럽고 유유자적하게 며칠씩 생각하고 있으면 어느 틈엔가 사야 할 시기를 놓치고 만다. **주식을 사고파는 데에는 적기가 있게 마련이니 재빨리 판단하여 선택하고 매매를 실천하는 것이 바람직하다.**

특히 신용 거래를 할 경우에는 신속하게 사놓은 주식은 팔고 판 주식을 되사도록 해야 한다. 가능하다면 1주일 안에 매매를 마치겠다는 마음으로 하는 편이 좋다.

지금까지 성질이 급한 편이 좋다고는 설명했으나, 작은 일에도 금방 화를 폭발하는 사람은 냉정함을 잃지 않으면서 빠른 두뇌 회전이 요구되는 주식 거래에 어울리지 않는 사람이다.

그림 11. 네 번째 문

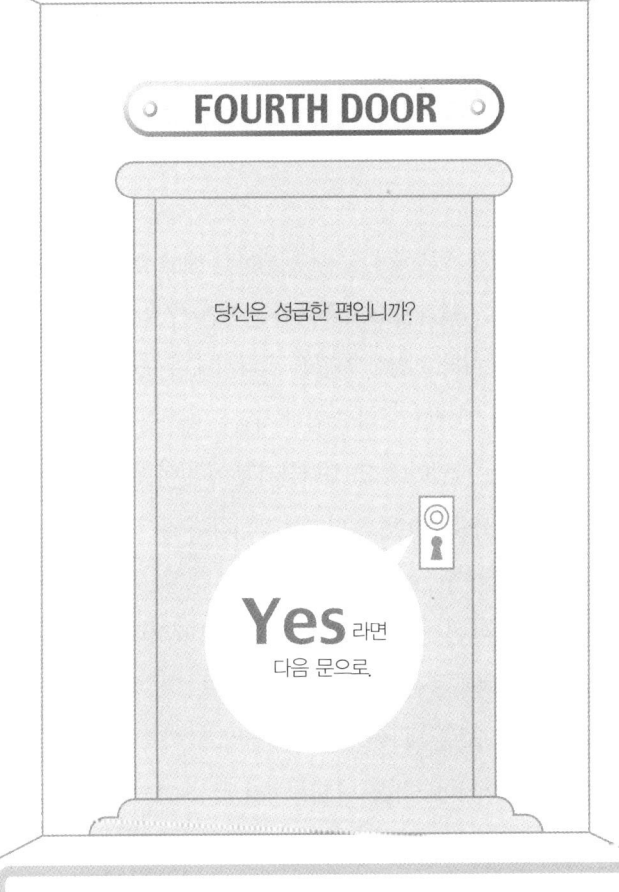

자신의 선택에 대해 고민하고 후회하는가?

5

'어느 쪽인가를 선택해야 할 때 선택하기 전에 골똘히 생각하는 편인가, 선택한 후 결과에 대해 후회하는 편인가?'

'선택하기 전'이라고 답한 사람은 돌다리도 두드리며 건너는 신중한 타입이고, '선택한 후'라고 답한 사람은 매사를 부정적으로 생각하고 고민하는 타입이다. 또 선택하기 전에 깊이 생각하고 선택한 후에 후회하는 사람은 어떤 의미에서 책임감이 강한 타입이라고 말할 수 있다. 항상 '다른 길을 선택했다면 이렇게는 되지 않았을 텐데……' 라며 주식 거래를 하면 위에 구멍이 날 것이다.

어느 쪽을 선택했든 결과가 좋으면 그만이다. '저 주식을 샀더라면 좀 더 벌었을지 모르는데' 하고 후회하지 말고 '이 주식을 사서 손해 보지 않고 조금이나마 벌었으니 다행이지 뭐' 하고 생각하자.

주식을 얼마에 팔아야 할지 망설여질 때도 마찬가지다. 물론 '5,500원에 팔아서 다행이었어' 라고 할 수도 있지만, '5,000원이니까 팔렸을 거야' 라고 생각할 수 있다. 그러니 **어느 쪽을 선택했든 자신의 선택이 최고의 선택이었다고 생각하자.**

그림 12. 다섯 번째 문

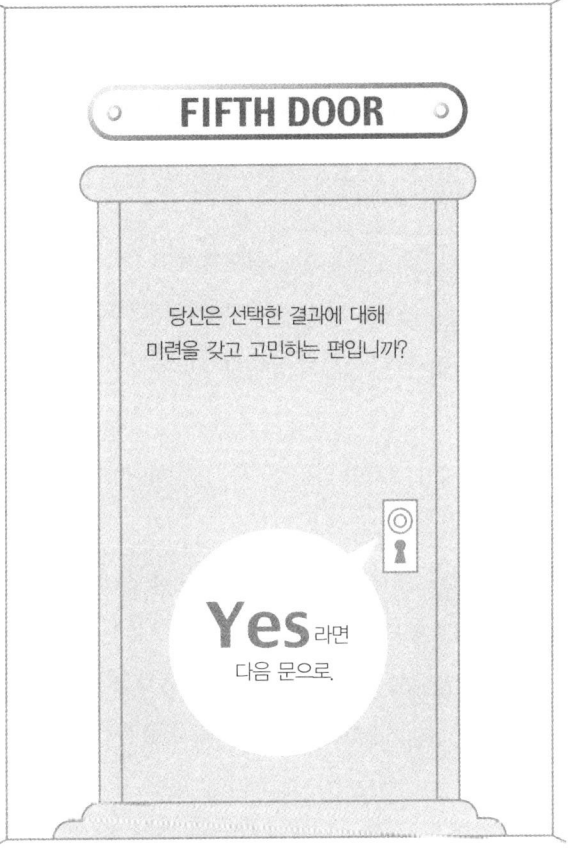

당신의 답이 No라면 오늘부터 고민은 짧게 끝내고, '다음 기회가 또 있어' 하며 적극적으로 생각하자. 다시 태어난 당신은 다음 문으로 가십시오.

주식 투자에 적합한 성격 특징 10가지 **49**

6 주어진 환경을 받아들이고 즐기는가?

　당신의 지금까지의 인생을 한번 돌이켜 보자. 초등학교 시절 학년이 바뀌면 반 친구들에게 말을 걸지 못해 좀처럼 새 친구가 생기지 않았던 기억은 없는가? 열심히 공부했지만 정작 시험 보는 날에는 배가 아파서 제대로 실력 발휘를 할 수 없었던 경험은 없는가? 인사이동으로 그때까지 해오던 업무가 아닌 엉뚱한 일이 맡겨져 회사를 그만두고 싶었던 적은 없는가?

　만약 앞에 예로 든 것들과 비슷한 경험을 한 적이 있다면 이제부터는 새로운 환경에 금방 익숙해지도록 노력하자. 노력한다고 고쳐질까 하고 불안해하지 말고 자기 자신을 믿어 보자. 그리고 우선 어깨의 힘을 빼고 주어진 환경에 관심을 갖고 즐기자.

　주식 거래를 하다 보면 다양한 상황과 맞닥뜨린다. 즐거운 일만 있는 건 물론 아니다. 경제가 불안한 요즘 주가 폭락, 기업의 도산 소식 등을 대할 때마다 풀이 죽는다면 견뎌 내질 못한다. 불리한 환경에서도 두려워하지 말고 현실을 똑바로 인식하고 보다 나은 주식 거래 방법을 생각하여 실행해 가는 것이 가장 중요하다.

그림 13. 여섯 번째 문

자신감을 갖고 낯선 일에 도전하는가?

7

 누구나 새로운 분야나 낯선 일에 도전할 때 용기가 필요한 법이다. 남들이 하고 있으니까 자신도 해보고 싶다는 생각이 드는 건 결코 부끄러운 게 아니다. 하지만 주식 투자에서 성공을 거둔 사람이 되고 싶다면 한 걸음, 두 걸음 나아가 새로운 것에 도전해 보자.

 남들이 돈을 좀 벌었다는 소리를 듣고 도전해서 잘될 리가 없다. 주식 투자에서 성공하려면 '이 방법이 좋은 이유가 무엇일까? 이것을 내 것으로 만들려면 어떻게 해야 할까? 내게 가능한 일일까?' 따위를 깊이 생각하여 스스로 납득한 다음 도전해 보자. 도전하지 않으면 좋은 일이든 나쁜 일이든 아무것도 일어나지 않는다.

 또 하나 중요한 것은 자기 자신이 판단하고 납득한 일에 대해서는 어떤 결과가 나오든 다른 사람이나 다른 요인의 탓으로 돌리지 않는다는 점이다. **주식 거래는 자기 책임이 전제되어야 한다.** 도전하느냐 하지 않느냐는 자기에게 달려 있고 성공한 사람이 되느냐 되지 못하느냐 역시 자기에게 달려 있다는 사실을 명심한다면, 분명 주식에서 성공하는 길이 열릴 것이다.

그림 14. 일곱 번째 문

No라고 답한 당신은 자신감이 부족한 사람입니다. 누구에게나 커다란 가능성이 숨겨져 있습니다. 자신감을 갖고 다음 문으로 나아가십시오.

눈앞의 목표에 만족할 줄 아는가?

 이 여덟 번째 문의 답이 '노'인 사람은 아마 무엇을 하든 '좀 더 나은 게 있을 거야' 하는 식으로 현재의 자신과 환경에 만족하지 않는 사람일 것이다. 헝그리 정신과 흡사하다. 헝그리 정신은 세계 챔피언 권투 선수나 명문대 수석 졸업자들의 성공담에 자주 등장하는 말로, 좋은 의미로 해석하는 경우가 많다.
 그렇지만 이것은 대성공을 거둔 사람에 해당하는 이야기일 뿐이지 한 번도 이겨 본 적이 없는 권투 선수나 몇 년 내리 입시에서 실패한 사람에게 적용되기는 어렵다.
 우리는 언제 이루어질지 모르는 꿈에 때로는 포기하고 때로는 절망한다. 체념이나 좌절은 반복되면 반복될수록 나쁜 방향으로만 치달아 이제 정말 조금만 더 가면 되는데 결국 꿈을 버리기도 한다. 먼저 눈앞의 작은 꿈이나 목표를 가져 보는 것은 어떨까?
 하찮은 목표라도 달성하고 나면 반드시 자신감이 생기고 만족감과 성취감을 맛볼 수 있다. 그리고 '좋아. 다음에는 더 분발해야지' 하고 다음 번 꿈과 목표를 향해 한층 노력할 마음을 갖게 된다.

그림 15. 여덟 번째 문

주식 투자에 적합한 성격 특징 10가지 55

유행을 찾아내고 그것을 이용할 수 있는가?

'유행을 따라가서는 안 된다. 역시 전통적인 것이 멋있다.'

이런 사고방식이 꼭 나쁘다고는 할 수 없다. 사실 나 또한 어떤 면에서는 그렇게 생각하는 사람이다.

올해는 미니스커트가 유행이라는 말을 들어도 미니스커트를 사지 않는다. 너도나도 물방울 무늬 옷을 입어도 물방울 무늬 티셔츠를 입는 일이 없다. 다시 말해 나는 몇 해 동안 입어도 무난할 옷과 구두를 사는 타입이다. 학생 시절 재즈 댄스가 붐을 일으키기 여러 해 전부터 배우기 시작해서 붐이 사라진 후에도 그만두지 않고 계속했다. 좋아하는 것은 유행에 관계없이 그저 좋아할 뿐이다.

이런 나도 주식에 관해서만은 유행에 민감하다. 지금은 어느 업종의 종목이 인기 있는지, 언제나 안테나를 바짝 세우고 있다.

이 아홉 번째 문의 답이 '노'라면 주식에 관련된 유행에는 민감해지자. 주식 투자에서 성공하는 요인 중 하나가 재빨리 유행을 찾아내 그것에 편승하는 것이다. 때로는 하나의 종목으로 몇백만 원, 몇천 만 원이라는 큰 돈을 벌 수 있다.

그림 16. 아홉 번째 문

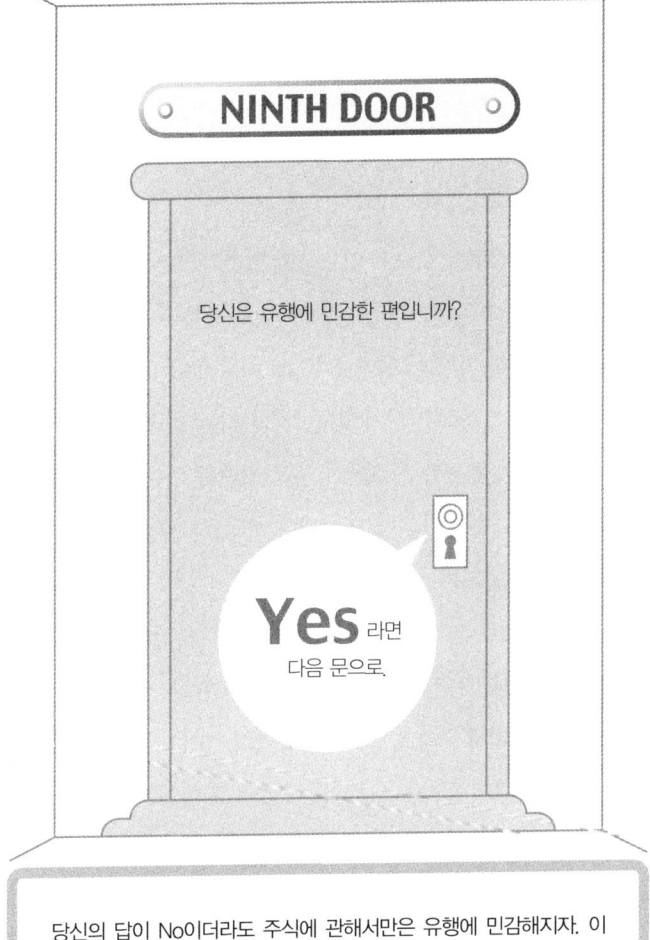

당신의 답이 No이더라도 주식에 관해서만은 유행에 민감해지자. 이제 마지막 문으로 가십시오.

평소에 육감이 작용하는 편인가?

10

주식에 관해 정보를 모으고 있노라면 기업의 좋은 뉴스, 나쁜 뉴스를 보게 된다. 좋은 뉴스라면 당연히 '이 종목을 사볼까?' 하는 마음이 생긴다. 또한 '실적이 전년보다 감소하고 있다'와 같은 나쁜 뉴스라면 저절로 '이 종목은 사지 말아야겠다'라는 생각이 든다.

이렇게 뉴스의 내용을 참고하여 주식 거래를 하는 사람이 많다. 하지만 주식은 그렇게 간단한 게 아니다.

'주식은 살아 움직이는 생물이다.'

주식은 이치대로 되지도 않을 뿐더러 계산을 치밀하게 한다고 답이 나오는 게 아니라는 말이다. 어찌 보면 주식은 인간과 공통되는 구석이 있다. 성적이 우수하고 평소의 행동거지 역시 나무랄 데 없다고 모두 성공한 사람이 될까? 그렇지 않다. 주식도 마찬가지다.

'나쁜 뉴스가 전혀 없고 주가도 괜찮다. 그런데 왠지 불안하다.'

이런 생각이 들면 그 주식에 손을 대지 말자. 주식 투자뿐 아니라 어떤 일에서든 크게 성공을 거둔 사람에게는 육감이 작용하는 것 같다. 당신은 어떤 편인가?

그림 17. 열 번째 문

마지막 문입니다. 모든 문의 질문의 답이 Yes였던 당신은 가까운 장래에 주식 투자에서 성공할 소질을 충분히 갖춘 사람입니다.

> 자신의 성격을 잘 이해하여
> 장점을 살리고 결점을 보완하면
> 주식 투자에서 성공할 가능성이 있습니다.

주식 투자에서 돈을 벌 가능성은 모든 사람에게 있다

앞의 10가지 질문을 읽어 오는 동안 당신은 자기 자신에 대해 미처 깨닫지 못했던 부분을 알게 되었을 것이다.

이제부터 문 하나하나의 질문에 관한 설명을 하겠다. 질문에 대한 당신의 답이 어떤 것이었든 자신의 성격을 정확하게 이해하여 장점은 살리고 결점은 보완해 가며 주식 거래를 하도록 하자. 누구에게나 성공할 가능성이 있으니까.

작은 돈이라도 확실하게 이익을 확보하자

나는 연구소에 근무했던 경험이 있는데, 당시 나는 미지의 기능이 수백 내지 수천 가지 있을 것으로 추정되는 간장 세포를 이용해 인공 간장을 개발·연구하는 일을 했다.

미지의 뭔가를 발견하고 증명해 갈 때는 '가정 및 상정 → 실험 → 결과 → 고찰'의 과정을 밟는다. 자신이 가정 혹은 상정한 것이 실험 결과에 의해 옳다거나 그르다는 사실을 알게 됨으로써 결과가 왜 그렇게 나왔는지를 분석하고 고찰하는 것이다. 이 방법은 다른 분야에서 연구하고 있는 사람들도 같을 거라고 생각한다. 단 하나 다른 점이라면 내가 다루던 대상은 세포라는 생물이었다는 점이다. 인간과 마찬가지로 세포에게는 개체차, 즉 사람으로 말하면 개인차가 있다. 1+1이 2가 되지 않는 것이 세포이며 생물의 특징이다. 따라서 결과는 말할 나위 없고 고찰도 몇 가지나 있다.

이미 앞에서 언급했지만, 생물과 마찬가지로 주식에는 개체차가 있고 그때그때의 환경에 따라 움직임이 달라진다. 더욱이 개인차가 있는 인간이라는 생물이 주식을 다루는 것이니 주식 거래에 하나의 이론이 통할 리가 없다.

서점을 가면 돈을 버는 방법과 이론이 실린 주식 관련 책들이 서가를 가득 채우고 있다. 그러나 어디까지나 주식 거래의 노하우에 불과하다. 물론 그 책들에서 설명하는 방법으로 돈을 번 사람이 있을 것이다. 하지만 대부분의 사람은 그대로 따라 했는데 생각처럼 되어 가지 않았을 것이다.

내가 주식에서 어느 정도 성공을 거두고 있는 요인 가운데 하나는 연구원 시절 길러진 분석력과 연구하기를 좋아하는 성격에 있다고 생각한다. 그렇지만 주가 차트를 분석한다고 돈이 벌리느냐 하면 그렇지 않다. 내 경우, 성격적으로 주식 투자에 맞는 것 같다는 생각을 종종 한다.

주식 투자는 '어느 종목을' '언제 얼마에 사서' '언제 얼마에 파느

냐' 하는 세 과정의 단순한 반복이다.

'어느 종목을' 까지는 분석력이나 무엇이든 연구하기를 즐기는 취향이 좋은 종목을 선택하는 결과로 이어졌을 수 있다. 그럼 '언제 얼마에 사고파느냐' 에 대해서도 마찬가지일까? 나는 반드시 그렇지는 않다고 답하겠다. 성격이 무척 중요하기 때문이다.

주식 거래를 하는 사람의 성격에 대해 나 나름대로 분석하고 고찰한 결과 몇 가지 질문이 만들어졌다. 이 질문들은 18~55세까지의 사람들을 대상으로 분석·고찰한 것으로, 심리 카운슬러 양성 학교에서 응용심리학을 배우면서 다양한 계층의 다양한 연령의 사람들을 만나며 인간의 정신적 측면을 연구한 것이다. 그리고 실제 주식 거래의 경험을 바탕으로 주식에서 성공을 거두는 성공 법칙들을 그림의 문에 적은 10가지 항목으로 정리해 보았다. 다만 첫 번째와 두 번째 문은 성격에 관한 질문이 아니라는 점을 밝혀 두겠다.

첫 번째 문은 '자금의 문'이다. 주식 투자를 하려는데 밑천이 될 돈이 없다면 애초에 시작조차 할 수 없다는 의미에서 물은 것이다. 주식에 투자할 돈은 생활비를 절약해서 모은 것이나 빚을 낸 것이어서는 절대로 안 된다. 투자는 돈을 불리는 것을 목적으로 하고 있지만, 리스크가 늘 이웃해 있다는 사실을 잊지 말자. 극단적인 이야기지만 설사 원금을 몽땅 날렸다 하더라도 일상생활에 아무런 지장이 없는 돈을 이용해야 하는 것이다. 그런 자금을 이용해야 정신적으로 여유를 갖고 주식 거래를 할 수 있으며, 어떤 일이든 여유를 갖고 임하는 것이 성공으로의 필수 조건이다.

두 번째 문은 '주식 거래 경험의 문' 이다. 경험을 쌓아야 돈을 불릴 수 있고 신용 거래를 하며 큰 돈을 움직일 수 있다. 큰 돈은 큰 이익을 낳을 가능성이 있으나, 리스크 역시 크다는 점을 기억해야 한다. 리스크가 가능한 한 제로가 되도록 하기 위해서라도 어느 정도 주식 거래의 경험을 쌓을 것을 권한다.

세 번째 문은 '목적의식의 문' 이다. 목적을 가져야 의욕을 가질 수 있으며, 의욕을 가져야 목표 달성을 할 수 있다. 그저 막연하게 주식 거래를 하는 것이 아니라 주식으로 '돈을 얼마나 벌고 싶은가? 그 돈은 어디에 쓰고 싶은가?' 등의 구체적인 목적이 있으면 보람을 맛볼 수 있다. 그리고 좀 과장된 말이긴 하지만 그 보람이 살아가는 기쁨이 되어 준다.

네 번째 문은 '두뇌 회전의 문' 이다. 내 경우, 예전에는 성미가 급함에도 불구하고 일단 산 주식은 어쨌든 주가가 올라야 판다고밖에 생각하지 못했다. 지금은 있을 수 없는 일이나, 한 달 가까이 갖고 있던 주식을 팔아 30만 원을 벌고는 뛸 듯이 좋아했을 정도다. 이제는 급한 성미를 이용해 하루에 그 몇 배나 벌기도 한다.

주식으로 많은 돈을 벌고 싶다면 거래를 여러 번 반복해 작은 돈이라도 확실하게 이익을 확보해 가는 것이 썩 괜찮은 방법이다.

데이 트레이더라고 해서 하루에 몇 번씩 샀다 팔았다, 샀다 팔았다를 되풀

> *** 데이 트레이더**
> 인터넷 등을 이용해 주가가 오를 때 샀다가 그날 중에 되파는 초단기 투자인 데이 트레이딩을 하는 사람. 이들은 주가의 움직임에 주목하여 시세 흐름을 지켜보다 단기 차익을 챙기므로 매매 프로그램에 의존해 하루에도 수십 번씩 매매 주문을 한다.

이하여 돈을 버는 사람들이 있다. 나도 기분으로는 데이 트레이더다. **나는 보통 3일, 길어야 1주일 안에 매매를 종료하도록 한 것이 성공의 토대가 되었다.**

다섯 번째, 여섯 번째, 일곱 번째 문은 각각 '긍정적 사고의 문' '적응력의 문' '자신감과 용기의 문' 이다.

선택은 주식 거래와 떼려야 뗄 수 없는 것이다. 아니, 주식 거래 자체가 선택의 반복이라고 해도 지나친 말이 아니다. 선택한 결과에 대해 매번 일희일비한다면 몸과 마음이 견디지 못한다. 나처럼 하루에 여러 종목을 거래하면서 그때마다 머리를 감싸 쥐고 고민한다면 병이 나고 말 것이다. 자기에게 자신감을 갖고 좋은 결과가 나오면 크게 기뻐하고, **그다지 좋지 않은 결과가 나오면 '좋은 공부한 셈 치자. 다음에는 잘될 거야' 하고 항상 긍정적인 사고를 하며 웃자.**

그리고 적응력에 대해 설명하겠다. 앞으로 신용 거래로 돈을 불려 가면 자신이 큰 돈을 다루고 있는 사실에 놀랄 것이다. 나 또한 주식 투자를 시작한 무렵 몇백만 원이나 되는 돈으로 주식을 산다는 데 가슴이 두근거렸다. 주식을 쇼핑에 비유한다면 통신 판매로 한 번에 몇백만 원어치나 사들이는 것이나 진배없으니까.

하지만 신용 거래를 하고 있는 현재 하루에 몇천만 원, 때로는 몇억 원이나 되는 거액을 움직이고 있다. 사실 말이지 천만 단위가 넘으면 한순간 주저할 때가 있다. 그러나 여기에 익숙해지는 것은 주식 투자에서 성공하는 필수 조건이다. 두려워하지 말고 자신감을 갖고 도전해 보자.

여덟 번째 문은 '성취감의 문' 이다. 만족감과 성취감은 긍정적인 사고로 이어진다. 만족을 모르고 절망만 느끼는 사람은 무슨 일에나 부정적이 되기 일쑤다. 무엇이든 나쁜 면을 생각하는 사람은 그 나쁜 일이 다음의 나쁜 일을 불러와 더욱 나쁜 생각을 하게 된다. 그리고 결국에는 최악의 사태가 현실로 나타난다.

아홉 번째 문은 '민감함의 문' 이다. 주식을 한다면 항상 안테나를 둘러치고 바짝 세우고 있는 것이 최선이다. 어떤 옷이 유행하고 있는지, 어떤 차가 팔리고 있는지, 많은 사람이 몰리는 가게는 어디인지 따위를 민감하게 느껴야 한다. 분명 당신의 주식 종목 선택에 도움이 될 것이다.

마지막 열 번째 문은 '육감의 문' 이다. 육감이나 영감은 훈련한다고 향상되는 게 아닐 수 있다. 그러나 커다란 성공을 거둔 사람은 예외 없이 육감과 영감이 뛰어난 사람이다. 만약 당신에게 이 2가지가 겸비되어 있다면 나는 더 이상 조언할 게 없을 것이다. 그러나 이 열 번째 문만은 아무래도 '예스' 라고 답할 수 없다고 낙담하지 말자. 나도 육감다운 육감은 정말로 드물게밖에 작용하지 않는다. 그렇지만 어느 정도 성공하여 나 자신에 매우 만족하고 있다. 대성공까지는 아닐망정 이 정도의 성공으로 충분히 좋으니까.

자, 이 장을 전부 읽고 이해했다면 앞으로 설명할 주식에 관한 기초 지식을 충분히 익혀 행동으로 옮길 일만 남았다. 빨리 주식 투자 성공으로의 계단을 한 걸음 한 걸음 올라가 보자.

2 이것만 알고 있으면 안심! 주식에 관한 지식 10가지

1 주식이 뭐야? |68|

2 주가가 뭔데? |71|

3 주식은 어디에서 사고팔지? |74|

4 계좌는 어떻게 만들지? |76|
   - 애널리스트의 한마디 | 나에게 맞는 증권회사를 선택해 계좌를 개설하자 |78|

5 주식은 1주, 2주도 살 수 있을까? |80|
   - 애널리스트의 한마디 | 주식 매매에는 거래 가능한 숫자가 정해져 있다 |82|

6 주식을 사고파는 방법에는 어떤 게 있지? |84|
   - 애널리스트의 한마디 | 자신의 상황에 맞는 주문 방법을 찾는다 |87|

7 주식 거래에는 어떤어떤 비용이 들까? | 88 |
- 애널리스트의 한마디 | 수수료와 세금을 계산해 보자 | 90 |

8 차트 읽는 법 1 — 봉 차트 | 92 |

9 차트 읽는 법 2 — 추세선 | 98 |

10 차트 읽는 법 3 — 이동평균선 | 102 |
- 애널리스트의 한마디 | 그랜빌이 제시한 거래 시점 8가지란? | 106 |
- 애널리스트의 한마디 | 이동평균선 그리는 법을 알아 두자 | 108 |

주식이 뭐야?

1

여기에서는 주식 거래를 시작하기에 앞서 꼭 알아 두어야 할 10가지 항목을 차례차례 설명해 가겠다. 어느 것이나 그렇듯이 주식은 배워서 알기보다 경험으로 익히는 것이 지름길이다. 현장에서 필요하다고 여겨지는 지식을 그때그때 알아 가면 된다.

우선 첫 번째로 주식이란 무엇인가에 대해 이야기하겠다.

주식은 줄여서 주라고도 하고 **주권**이라고도 부르는데, 주식을 발행하는 곳이 **주식회사**다.

회사는 주식을 발행하여 회사 운영에 필요한 자금을 조달한다. 따라서 사람들에게 회사의 사업 내용을 제시하여 장래성 있는 회사라고 강력하게 호소할 필요가 있으며, 사람들은 그것을 보고 '이 회사는 발전할 것 같다'라고 판단되면 주식을 산다.

주식은 증권회사를 통해 살 수 있는데, 산 주식은 관리하는 기관

---

* **주권**
주주가 회사에 대해 가지는 법률적인 지위 혹은 권리를 나타내는 유가증권(보통 증권이라고 부른다). 주권에는 회사의 상호 · 발행 연월일 · 1주의 금액 등이 기재되어 있는데, 주식을 구입하면 주권이 발행된다.

* **주식회사**
주식을 발행하여 투자자로부터 자금을 조달하여 사업 활동을 하는 회사로서, 소유와 경영이 분리되어 있다. 주주는 출자 의무만 질 뿐 채무에 대하여는 책임을 지지 않는다.

그림 18. 주식의 정의

매매 성립. 건배!

* **증권예탁결제원**
기관 투자가와 외국인 투자자, 개인 투자자가 보유한 주식과 채권 등의 유가증권을 관리하는 특수 법인. 일반적으로 투자자가 주식을 거래하려면 증권회사에 계좌를 개설하고 투자 주식을 맡긴다. 이 주식들은 증권회사를 통해 의무적으로 증권예탁결제원에 맡겨지며, 매매 시 투자자들은 주식 실물을 주고받는 것이 아니라 증권예탁결제원에 비치된 법적 장부에 의해 손쉽게 주식과 대금을 결제하게 된다. 또한 맡겨진 주식에 대해 발생하는 무상 증자, 주식 배당, 현금 배당 등을 일괄 수령하여 증권회사를 거쳐 투자자에게 분배하는 일도 한다.

(우리 나라에서는 **증권예탁결제원**이 이 일을 한다 : 옮긴이)에 자동적으로 맡겨지기 때문에 투자자가 실제로 주식(주권)을 받을 수 있는 건 아니다. 다만 원하는 경우 증권회사에 요구하면 받을 수는 있다.

주가가 뭔데?

2

주식을 산 사람은 **주주**라고 부른다. 주식을 산 회사에 이익이 생기면 **배당**이라는 형태로 주주에게 이익이 환원된다. 또한 낮은 가격으로 주식을 사서 높은 가격으로 팔면 그 차액이 이익이 된다. 이 이익을 **캐피털 게인**이라고 하며, 주식의 가격을 주가라고 한다.

주가는 회사의 사장이 '좋아. 1만 원으로 해야지' 하고 결정하는 것이 아니라 회사의 실적이나 **자산** 내용 같은 객관적 평가가 주가를 결정하는 요소가 된다. 하지만 사실은 여러분이 결정하고 있다고 해도 과언이 아니다.

예를 들어 대단히 인기 있는 회사는 그 회사의 주식을 사고 싶은 사람이 줄

> **＊ 주주**
> 주식회사에 출자하는 대가로 주식을 받는 출자자. 그 성격이나 상태에 따라 법인 주주, 개인 주주, 외국인 주주, 대주주, 소액 주주 등으로 구별한다.
>
> **＊ 배당**
> 주식을 발행한 주식회사에서 이익이 생기면 주주에게 소유 주식 수의 비율에 따라 이익금을 분배하는 것. 기업이 1년 동안 영업을 하고 난 실적에 따라 주주 총회에서 배당률이 결정되는 정기 배당제와 1년에 두 차례 배당하는 중간 배당제가 있다. 배당금은 1주당 얼마를 배당한다는 식으로 나타내며 현금으로 하는 경우와 주식으로 대신하는 경우가 있다.
>
> **＊ 캐피털 게인**
> 주식즉 유가증권이나 토지 등 자산의 가격이 변동하여 발생하는 매매 차익. 단기 투자의 목적은 바로 이 캐피털 게인에 있으며, 이에 반대되는 개념이 인컴 게인이다.
>
> **＊ 자산**
> 현금, 상품, 건물, 비품 등과 같이 경영 활동에 사용할 목적으로 기업이 소유하고 있는 경제적 자원.

을 서는 반면 주식을 갖고 있는 사람들은 내놓으려 하지 않는다. 오히려 '이렇게 좋은 회사라면 비싸더라도 주식을 사야지' 하고 생각하는 사람이 많다. 그러면 주가는 올라간다. 반대로 인기 없는 회사의 주식은 사려고 하기는커녕 팔고 싶어하는 사람만 있다. 따라서 싸지 않으면 아무도 사주지 않기 때문에 주가는 더욱 내려가게 되어 있다.

이와 같이 주가는 사고 싶은 사람과 팔고 싶은 사람의 균형으로 성립된다. 다시 한 번 말하지만 주식 거래를 하는 여러분이 주가를 움직이고 있는 것이다.

그림 19. 주가의 정의

* 인컴 게인

예금의 이자나 주식의 배당에 따른 소득, 임대 수입. 주식의 경우 무배당이 되면 인컴 게인은 제로가 되지만, 캐피탈 게인은 가격이 하락하면 손실을 입게 된다. 그러므로 안정도를 중시한다면 캐피탈 게인보다는 인컴 게인을 기대하고 주식에 투자하는 전략이 유리하다.

주식 투자의 이익이란?

① **인컴 게인(배당)** : 주식을 산 회사에 이익이 생기면 받을 수 있는 돈

② **캐피탈 게인** : 주가가 낮을 때 사서 높은 주가로 판 경우, 즉 싸게 사서 비싸게 팔아 차액으로 발생한 이익

낮은 주가로 사서 높은 주가로 팔았을 때 발생한 이익

회사의 실적이나 자산 내용 등 객관적 평가가 주가를 결정짓는 요소

사는 사람이 많으면 **주가는 올라간다.**

인기가 없는 주식은 **주가가 내려간다.**

주식은 어디에서 사고팔지?

3

주식 거래는 증권거래소(우리 나라에서는 **증권선물거래소** : 옮긴이)에서 이루어진다. 사실 주식을 사고팔 때 증권회사가 중간에서 처리해 주기 때문에 우리가 직접 그곳까지 갈 일은 없다. 인터넷을 이용할 줄 안다면 집에서 컴퓨터로 거래할 수 있으므로 증권회사에 갈 일도 없다.

주식 매매가 이루어지고 있는 시장(마켓) 전체를 **주식 시장**이라고 하며, 주식 매매를 할 때에는 자신이 사고 싶거나 팔고 싶은 회사의 주가만 참고로 하지 않고 주식 시장 전체를 보는 것이 중요하다. 주식 시장에서는 주식을 발행하고 있는 회사를 종목이라고 부른다.

'자, 어떤 종목을 살까…….'

> *** 증권선물거래소**
> 주식 등의 유가증권이 사고팔리는 곳으로 증권 유통의 중추 기관. 우리 나라의 증권선물거래소 조직은 회원제로 운영되다가 한국증권거래소와 코스닥시장, 한국선물거래소가 통합되면서 2005년부터 주식회사로 바뀌었다. 한국증권선물거래소(KRX)가 정식 명칭이며 현재 부산광역시에 본사가, 서울 여의도의 서울사업본부와 광주사무소, 대구 사무소가 있다. 이곳에서 매매되는 주식은 증권선물거래소에 상장된 것이어야 한다.
>
> *** 주식 시장**
> 주식 시장에는 발행 시장과 유통 시장이 있는데 일반적으로 주식 시장이라고 하면 유통 시장을 뜻한다. 발행 시장은 주식을 발행하여 투자자가 자금을 제공할 수 있는, 유통의 전 단계를 가리킨다. 유통 시장은 주식을 투자자와 투자자 간에 증권선물거래소에서 그때그때의 시가로 매매하는 것을 가리키며, 매매의 중개는 증권회사가 한다.

그림 20. 종목과 종목 코드

이 생각을 하면 당신은 드디어 투자자 대열에 들어선 것이다.

각 종목에는 **종목 코드** 또는 증권 코드 번호라는 여러 자리의 숫자가 붙여져 있다. 인터넷으로 각 종목의 정보를 조사하고 싶을 때 종목명보다 코드를 입력하면 빨리 검색할 수 있어 매우 편리하다.

> *** 종목 코드**
> 종목을 식별하기 위해 붙인 번호. 본디 표준 코드 번호는 국가 이름, 증권의 성격, 증권의 종류, 종목 번호 등을 나타내는 12자리로 구성되나 일반적으로 종목 번호 6자리 숫자를 입력하면 해당 종목의 시세를 조회할 수 있다.

계좌는 어떻게 만들지?

4

주식을 사고팔려면 먼저 증권회사에 계좌를 만들어야 하는데, 은행이나 우체국에 계좌를 만드는 것과 똑같다.

어느 증권회사에 계좌를 개설하는가는 개인의 취향에 따르는 문제라고밖에 말할 수 없다. 직접 증권회사에 가서 주식을 사고파는 주문을 할 사람은 집이나 직장과 가까운 곳이 편리할 것이다. 인터넷으로 거래할 경우에는 장소는 관계없으므로 시간이 있으면 인터넷으로 검색해서 여러 증권회사의 홈 페이지를 살펴본 다음 선택하도록 한다. 매일같이 대해야 하는 것이니만큼 홈 페이지가 보기 편리하게 되어 있는 곳이나 정보를 찾기 쉽게 되어 있는 곳, 매매하고 있는 주식을 관리하기 용이한 곳 등 서비스가 좋고 나쁜 것이 회사를 선택하는 기준이 된다.

나는 거래 횟수가 많기 때문에 거래에 따르는 수수료가 저렴한 증권회사를 좋아한다.

계좌를 개설하려면 본인임을 확인할 수 있는 신분증과 거래 인감을 갖고 자신이 선택한 증권회사를 찾아가면 된다. 은행에서 통

그림 21. 계좌 개설에 필요한 것

① 신분증
주민증, 운전면허증 등 본인임을 증명하는 것이면 된다.

② 거래 인감
서명으로도 대신할 수 있다.

③ 신청서
증권회사에 따라 양식이 조금씩 다르다.

④ 기타
가정에서 홈 트레이딩을 할 경우 신청한다.

은행에서 통장을 만들 때와 같죠.

계좌를 개설했다고 안심하지 마세요. 계좌에 투자 자금을 넣어 두는 걸 잊어서는 안 되거든요.

장을 만들 때와 마찬가지로 거래 인감 대신 서명을 해도 상관없으며 계좌 개설 신청서를 작성하면 된다. 또 인터넷을 이용해 거래할 경우를 고려해 홈 트레이딩을 신청하면 된다. 이때 증권회사를 직접 찾아가기 전에 선택한 증권회사의 홈 페이지에 들어가 신규 거래에 관한 설명을 꼼꼼히 읽어 두는 것이 도움이 될 것이다. 이렇게 해서 계좌를 만들고 돈을 입금하면 주식 거래를 위한 준비가 완료된 셈이다.

애널리스트의 한마디

나에게 맞는 증권회사를 선택해 계좌를 개설하자

우리 나라에는 외국계까지 포함하여 대략 60여 개의 증권회사가 있습니다. 이들 중에는 이름을 들으면 누구나 알 만한 삼성증권·현대증권·대우증권·대신증권 같은 대형 증권회사, 이보다는 약간 작은 규모의 미래에셋증권·동양증권·교보증권 등 중견 증권회사, 키움닷컴증권·이트레이드증권처럼 점포를 갖지 않고 있는 온라인 전문 증권회사가 있죠. 그럼 이들 증권회사의 장·단점을 대략 설명해 보겠습니다.

대형 증권회사는 금융 상품과 고객 서비스가 다양하고 초보자도 안심할 수 있다는 장점이 있으나, 고객이 많은 만큼 한 사람 한 사람에 대한 서비스는 제한적일 수밖에 없다는 단점이 있습니다. 반면에 중견 증권회사는 고객 한 사람 한 사람에 대한 서비스가 좀 더 잘 갖추어져 있어 초보자에게는 편리한 점이 있지만, 수수료가 약간 비싸다는 단점이 있죠. 온라인 전문 증권회사는 수수료가 저렴하다는 게 최대 장점입니다.

신규 계좌를 개설하는 방법에 대해서는 다시 설명할 필요가 없겠지만, 사전에 증권회사의 홈 페이지에 실려 있는 계좌 개설 방법에 대한 안내를 읽어 필요한 것을 준비해서 증권회사를 방문하면 헛걸음하는 일이 없겠죠. 그리고 각 증권회사를 조사하다 보면 굿모닝신한증권처럼 홈 페이지에 신청을 하면 직원이 직접 방문해 주는 곳도 있으므로 자신에게 잘 맞는 증권회사를 찾는 노력을 아끼지 않는 게 좋다는 것쯤은 두말할 나위가 없을 겁니다.

계좌를 만들었다면 주식을 살 돈을 입금해야 비로소 주식 거래를 시작할 수 있습니다. 요즘은 금융 서비스가 정말 다양해져 예전 같으면 생각지 못할 일이지만 전화 한 통, 마우스 클릭 몇 번으로 은행 거래를 할 수 있게 되었습니다. 마찬가지로 증권회사와 은행 간에 제휴를 맺고 있어 굳이 자신이 거래하고 있는 증권회사까지 가지 않고도 돈을 입금하고 출금할 수 있습니다. 그러니 계좌를 열기 전에 자신이 거래하고 있는 은행과 제휴를 맺고 있고 있는 증권회사가 어디인지를 조사해 두는 것도 주식 거래의 편리를 위해 반드시 필요한 일이라 하겠죠.

또 많은 투자자가 궁금해하는 점 가운데 하나가 거래하던 증권회사를 바꿀 경우 어떻게 해야 하나 하는 것이 있는데, 생각처럼 어렵지 않습니다. 먼저 새로 거래하려는 증권회사에 계좌를 개설한 후 거래하던 증권회사에 가서 계솨 이관 신청을 하는 것으로 끝입니다. 주식 투자를 시작하려는 분은 무엇보다 증권회사를 은행처럼 가깝게 느끼는 것이 좋겠죠.

주식은 1주, 2주도 살 수 있을까?

계좌 개설 절차를 밟았다면 실제로 주식을 거래하기까지 이제 초읽기 단계다. 어느 종목을 사야 할지 가슴이 두근거릴 것이다.

하지만 잠깐만 기다려 보자. 계좌를 만들었다고 모든 종목의 주식을 원하는 수량만큼 살 수 있는 것은 아니다. 주식에는 매매가 가능한 최저 단위인 **최소거래단위**라는 것이 정해져 있다.

예를 들어 우리가 시장에서 귤을 살 때 가게 앞에 쌓아 놓은 한 무더기가 아니면 살 수 없는 것과 마찬가지다. 그러나 모든 규칙에는 예외가 있듯이, 최소거래단위보다 적은 숫자로 살 수 있는 주식(우리 나라에서는 **단주**라고 부른다 : 옮긴이)이 있기도 하다.

> *** 최소거래단위**
> 말 그대로 주식을 거래할 수 있는 최소한의 단위. 기본적으로 최소거래단위는 10주이나, 전날 종가 기준으로 10만 원 이상의 우량주는 1주 단위로 거래할 수 있다. 또한 예외적으로 정규 거래 시간이 끝난 후 사고 팔 때(시간 외 매매 시간)는 종가를 기준으로 1주 단위로 거래할 수 있다.
>
> *** 단주**
> 최소거래단위 미만의 주식. 현재 최소거래단위가 10주이므로 10주 이하의 주식이 단주가 된다.

그림 22. 최소거래단위

주식에는 최소거래단위라는 것이 있어요.
쉽게 말해 한 무더기가 아니면 팔지 않는 거죠.

사장님아 조금만 사고 싶은데.

최소거래단위보다 적은 수의 주식을
거래할 수 있는 경우가 있다.

애널리스트의 한마디

주식 매매에는 거래 가능한 숫자가 정해져 있다

유심히 신문을 보거나 뉴스를 들은 사람이라면 주식이 거래되는 시장이 한 곳이 아니라는 점을 어렴풋이 짐작하고 있을 겁니다. 우리 나라의 주식 시장은 크게 3가지로 나뉘는데, 유가증권시장·코스닥시장·프리보드시장입니다.

우선 유가증권시장은 우리 나라 최초의 주식 시장으로 과거 한국증권거래소에 상장되어 있던 종목들이 거래되는 곳입니다. 주식 시장의 맏형 격인 유가증권시장은 코스닥시장이나 프리보드시장보다 상장 요건이 까다롭죠. 따라서 어떤 기업이 자기 회사의 주식을 상장하려면 까다로운 규정을 통과해야 하므로 실적이나 자기 자본이 충분해야 하는 건 물론입니다.

코스닥시장은 벤처 기업이나 유망 중소 기업이 자금을 조달하기 위해 설립한 시장으로, 유가증권시장에서 매매되기에는 충분히 성장하지 못한 주식이어서 위험 부담이 높은 반면 수익이 높을 수도 있습니다. 마지막 프리보드시장은 사실상 시장의 기능이 상실되었던 제3시장을 활성화하기 위한 목적으로 2005년 7월 이름을 바꾸고 새로 태어났습니다. 프리보드시장은 창업 초기의 성장 단계에 있는 중소·벤처 기업에 투자할 수 있는 길을 열어 놓은 거죠. 또 유가증권시장과 코스닥시장에서 퇴출된 기업들도 이곳에서는 거래 가능합니다. 즉 앞의 두 시장에서 거래될 요건이 충족되지 않은 주식이 매매되는 곳이죠.

저자가 앞에서 최소거래단위에 대해 설명했는데, 일본의 경우에는 종목에 따라 다르지만 우리 유가증권시장에서 다루는 최소거래단위는 10주입니다. 다만 최근 예외를 두어 주가가 10만 원 이상 하는 고가주의 경우에는 10주 미만으로도 거래할 수 있게 되었습니다. 참고로 코스닥시장에서는 최소거래단위가 1주입니다.

그럼 10만 원이 안 되는 주식은 3주 혹은 8주는 거래할 수 없을까요? 물론 가능합니다. 다만 유가증권시장에서 10주 미만의 단주 매매는 1주당 10만 원 이상인 주식을 빼고는 정규 거래 시간 외에만 가능합니다.

앞에 정규 거래 시간이라는 말이 나왔는데 이것은 몇 시에서 몇 시까지일까요? 뒤에서 주식을 거래할 수 있는 시간에 대해 자세히 설명할 테지만, 우선 대략적인 것만 알려 드리겠습니다. 월요일부터 금요일까지 오전 9시~오후 3시 사이에 열리는 주식 시장을 정규 시장 매매 시간이라고 부르며, 이외에 단일가 매매 시간·시간 외 매매 시간·예약 주문 시간이 있습니다.

주식을 사고파는 방법에는 어떤 게 있지?

* **매수**
주식을 사는 것을 말하며 매입이라고도 한다.

* **매도**
주식을 파는 것을 말하며 매각이라고도 한다.

* **시장가 주문**
주식을 사거나 파는 주문을 낼 때의 한 형태. 가격을 명시하지 않고 종목과 수량만 지정하여 주문하는 것을 가리킨다. 시장가 주문은 지정가 주문에 우선하므로 매매가 성립되기 쉽다는 장점이 있는 반면, 시세 변동이 클 때는 의외로 비싸게 사거나 싸게 팔리는 단점이 있다.

* **지정가 주문**
주식을 사거나 파는 주문을 낼 때의 한 형태. 가격을 명시해 주문하는 것을 가리킨다. 사는 경우에는 지정가 이하로, 파는 경우에는 지정가 이상으로 거래된다. 지정가 주문은 희망하는 가격으로 사고팔 수 있다는 장점이 있는 반면, 근소한 가격 차로 매매가 성립되지 않을 수 있는 단점이 있다.

인터넷을 이용한 주식 매매, 즉 온라인 매매인 홈 트레이딩은 패스워드를 입력하고 로그인하는 것으로부터 시작된다. 거래 화면에 **매수** 또는 **매도** 주문으로 표시되어 있는 것을 클릭한 다음 종목 이름을 입력하는데, 증권회사에 따라서는 종목 코드로 입력하는 경우가 많으므로 미리 알아 둔다.

주식을 매매할 수 있는 시간은 오전 9시~오후 3시 사이며 오전 중의 거래를 전장, 오후의 거래를 후장이라고 부른다. 인터넷으로 사고파는 경우에는 24시간 내내 주문할 수 있다.

주식을 거래하는 데에는 대표적으로 **시장가 주문**과 **지정가 주문**의 2가지

그림 23. 주식 매매 방법

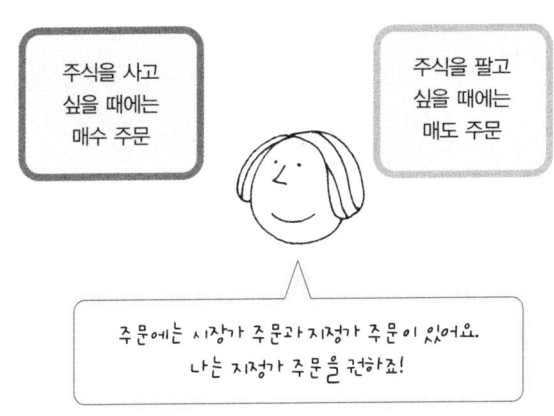

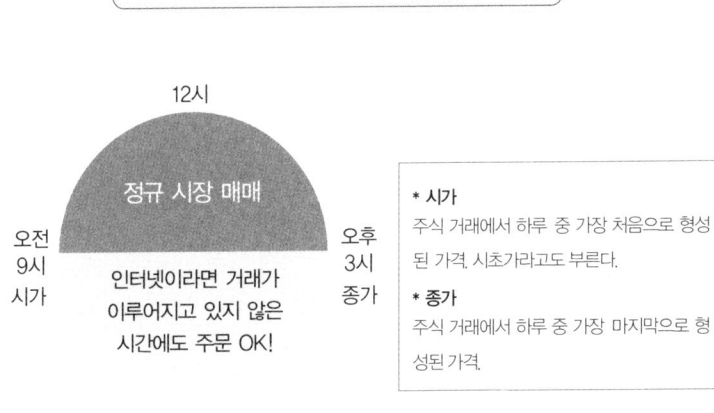

| 시가 | 그날 처음으로 이루어지는 주가 |
| 종가 | 그날 마지막으로 이루어지는 주가 |

방법이 있다. 시장가 주문은 얼마라도 좋으니까 반드시 사고 싶거나 반드시 팔고 싶은 경우에 한다. 희망 가격을 설정하지 않고 주문하는 것이므로 매매가 성립된 후에야 비로소 사거나 판 가격을 알 수 있다. 이와 반대로 얼마에 사거나 팔겠다는 희망 가격을 설정하여 주문하는 것이 지정가 주문이다.

지정가 주문과 시장가 주문 중에서는 시장가 주문이 우선되므로 시장가 주문은 대부분 매매가 성립된다. 그러나 **자금이 적은 사람이나 초보자는 자금 면에서 계획을 세우기 쉬운 지정가 주문을 하는 것이 좋다.**

애널리스트의 한마디

자신의 상황에 맞는 주문 방법을 찾는다

 시장가 주문과 지정가 주문은 이해하셨나요?

그런데 주식을 사고팔 때 알아 두어야 하는, 이보다 더 기초적인 사항이 있습니다. 이는 시장가 주문, 지정가 주문 외에 개인 투자자가 매매 주문을 하는 방법으로 다음의 3가지가 있습니다.

첫째, 계좌를 개설한 증권회사에 직접 가서 주문을 하는 방법이 있죠. 은행에서 입금하거나 인출할 때 쓰는 용지처럼 주문표라는 것이 있습니다. 이 주문표는 당연히 매수와 매도로 나뉘어 있는데, 여기에 종목·수량·가격·계좌명·계좌 번호·비밀 번호 따위를 써서 증권회사 직원에게 제출하면 됩니다. 둘째, 자신의 계좌가 있는 증권회사의 직원에게 전화를 걸어 주문 내용과 연락 가능한 전화번호를 알려 주는 방법입니다. 셋째, 가정이나 직장에서 컴퓨터를 이용해 주문하는 방법입니다. 증권회사에 온라인 거래, 즉 홈 트레이딩을 신청한 다음 별도의 프로그램을 깔거나 증권회사의 홈 페이지에 들어가 직접 주문을 하면 됩니다. 온라인 거래는 직접 주문이나 전화 주문보다 매매 수수료가 싼 장점이 있습니다.

이렇게 주식을 사고팔 때 시장가 주문이니 지정가 주문이니 하는 주문 방법 외에 선택할 주문 방법이 더 있습니다. 다양한 방법들 가운데 자신의 사정과 환경에 맞는 주문 방법을 찾아 적절하게 구사할 줄 아는 것도 주식 투자에서 성공하는 요인 가운데 하나가 되겠죠.

주식 거래에는 어떤어떤 비용이 들까?

7

> *** 위탁수수료**
> 증권회사에 위탁하여 주식을 사거나 팔았을 때 증권회사에 지불하는 수수료. 우리나라는 1997년 이후 현재 자유화되어 있어 각 증권회사마다 수수료율이 다르다.

주식을 사고팔 때 당연히 **위탁수수료**가 붙는다. 우리 같은 개인 투자자가 직접 사고팔지 않고 증권회사가 대신 해 주고 있기 때문에 일종의 수고료라고 생각할 수 있다. 수수료는 증권회사에 따라 차이가 있으니 증권회사를 선택할 때 당연히 이 점을 고려해야 한다. 더구나 **나처럼 단기간에 많은 종목을 매매하는 경우, 수수료는 될 수 있으면 싼 편이 좋다.**

누구나 아는 사실이지만 남편의 월급이 주부의 손에 들어올 때는 이미 세금을 낸 다음이다. 또 우리가 미처 의식하고 있지는 않으나 슈퍼마켓에서 맥주를 사든 백화점에서 구두를 사든 세금을 내고 있다. 마찬가지로 주식을 사고팔 때도 세금을 내야 한다. 그리고 앞에서 이야기했듯 주식에는 배당이 있는데, 우리가 주식을 산 회사가 많은 이익을 내서 배당을 하면 이때 역시 세금을 내야 한다. 원천분리과세로 통일되어 있어 모든 증권회사가 계산해서 이익에서 공제

그림 24. 주식 매매에서의 수수료

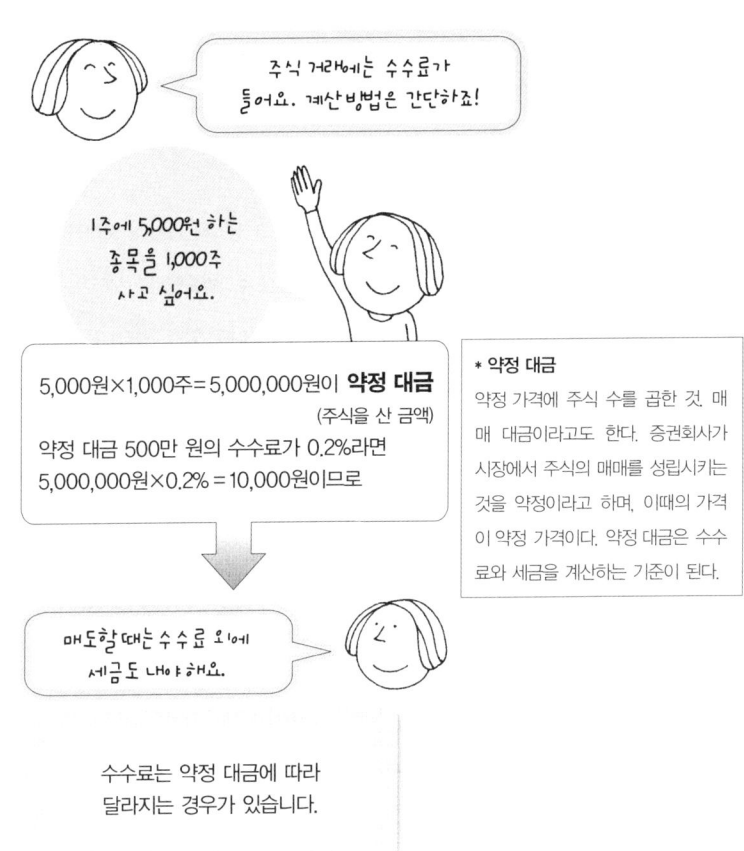

하고 있다. 증권회사에서 보내 주는 명세서를 꼼꼼히 살펴보면 '아, 이렇게 세금을 떼고 있구나' 하고 알 수 있다.

애널리스트의 한마디

수수료와 세금을 계산해 보자

주식 이야기에서 벗어나 집을 사고판다고 생각해 봅시다. 오래전에는 부동산 중개소를 통하지 않고 개인끼리 직접 문서를 주고받으면서 거래하기도 했겠지만, 요즘에는 모두 부동산 중개소를 통하고 있습니다. 일단 거래가 성사되면 집값에 따라 일정한 비율로 계산해서 산 사람, 판 사람 모두 부동산 중개소에 수수료를 내고 집을 산 사람은 취득세, 집을 판 사람은 양도소득세 등의 세금을 내야 하죠.

주식을 사고팔 때도 마찬가지로 생각하면 됩니다. 주식을 살 때나 팔 때 모두 증권회사에 수수료를 내고, 세금은 팔았을 때만 약정 대금의 0.3%를 내도록 되어 있습니다. 그런데 배당을 받았을 때는 15.4%의 세금을 내야 합니다.

앞에서 저자가 여러 번 말했듯이 수수료는 증권회사마다 다르므로 증권회사를 정하고 계좌를 개설하기 전에 이것을 고려해야 합니다. 현재 삼성증권 · 대신증권 · 우리투자증권 등은 0.2~0.5%이고, 키움닷컴증권 · 미래에셋증권 · 이트레이드증권 등은 0.024~0.4%로 크게 차이가 나는 편입니다.

그러므로 주식을 사고팔 때 수수료와 세금을 찬찬히 따져 보고 어느 가격 이상이 되어야 이익이 남는 셈이 될지 정도는 알고 있어야겠죠. 이를테면 수수료가 0.15%라고 할 경우, 0.15%(살 때 수수료)+0.15%(팔 때 수수료)+0.3%(세금) 해서

0.6% 이상은 올라야 한다는 답이 나옵니다.

그럼 1,000원짜리 주식을 100주 샀다가 1,500원에 팔았다고 가정하고 수수료와 세금을 한번 계산해 보도록 합시다. 물론 투자자가 일일이 하지 않아도 증권회사에서 알아서 해주지만, 일단 기본적인 사항은 알고 있어야 명세표를 알아볼 수 있을 테니까요.

- 살 때 든 돈

(1,000원×100주)+(1,000원×100주×0.15%)=100,150원

- 팔아서 받은 돈

(1,500원×100주)+(1,500원×100주×0.15%)=149,775원

- 내야 할 세금

1,500원×100주×0.3%=450원

- 세금을 공제하고 남은 돈

149,775원-450원=149,325원

- 주식 거래에서 번 돈

149,325원-100,150원=49,175원

차트 읽는 법 1—봉 차트

8

주식을 사고팔아 돈을 벌 수 있는 요인의 반은 종목 선택이, 반은 매매 가격이 차지한다.

봉 차트

일본에서 개발되어 선진국에서 사용되고 있으며, 우리 나라에서 가장 많이 사용하는 차트로 시가의 흐름을 파악하는 데 매우 유용하다. 시가·고가·저가·종가를 모두 표시하며 종가가 시가보다 높으면 양봉, 종가가 시가보다 낮으면 음봉이라고 한다. 일반적으로 양봉은 빨간색, 음봉은 파란색으로 표시하지만 사용자의 기호에 따라 다르다. 시가와 종가까지를 몸통, 고가와 종가 또는 고가와 시가까지를 위그림자, 저가와 시가 또는 저가와 종가까지를 아래그림자라고 한다. 몸통의 크기와 그림자의 길이가 분석의 기초가 된다. 이것은 수요와 공급의 명확한 크기를 보여 주며 대개의 경우 일정한 패턴으로 나타나 상승과 하락 예측에 있어 다른 차트보다 세밀하고 정확하게 분석할 수 있다는 장점이 있다.

그런데 주식을 사고팔 때 가격을 정하는 데 있어 가장 중요하고 유용한 것이 주가 차트를 보는 일이며, 이는 곧 주가를 예측하는 일이다. 따라서 다른 어떤 정보보다, 아니 딱 잘라 말하자면 **다른 정보는 전혀 보지 않더라도 차트만은 꼭 참고로 해야 한다. 그렇지 않고서는 주식 투자에서 돈을 벌 수 없다.** 그러니 어렵고 귀찮아도 차트 읽는 법만은 반드시 완전히 익혀 두도록 하자. 주가를 나타내는 차트에는 **봉 차트** 등 여러 가지가 있다. 그날 처음으로 거래가 이루어진 주가를 시가(또는 시

그림 25. 봉 차트 읽는 법

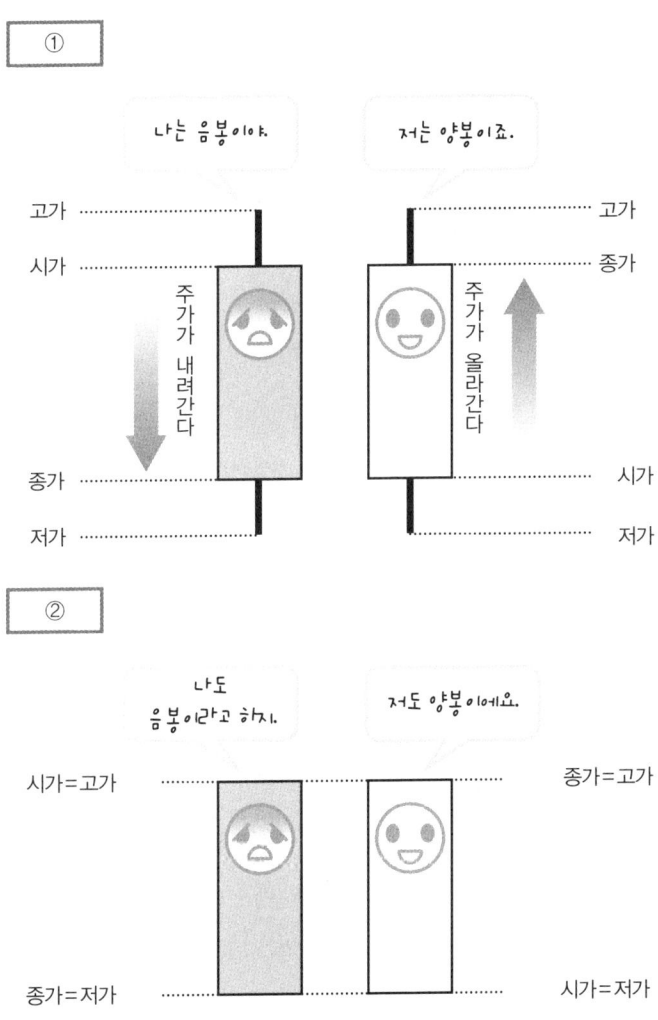

초가)라고 부르고, 최종적으로 도달한 주가를 종가라고 부른다는 것은 앞에서 설명했다. 이 종가를 매일 연결한 그래프가 **선형 차트**다.

주가는 하루 중에도 쉴 새 없이 오르내리는데 그날의 가장 높은 주가를 **고가**, 가장 낮은 주가를 **저가**라고 부른다. 고가·저가와 시가·종가의 4가지 가격을 나타낸 그래프가 봉 차트며, 봉 차트는 주가의 움직임을 일목요연하게 정리한 것이다. 그리고 하루의 움직임을 나타낸 것은 일봉, 1주일의 움직임은 주봉, 1개월과 1년을 나타낸 것은 각각 월봉, 연봉이다.

> **＊ 선형 차트**
> 그날그날의 종가를 이어 만드는 그래프로, 그래프의 왼쪽에서 오른쪽으로 진행하며 매우 기본적인 차트이다.
>
> **＊ 고가**
> 그날의 거래 중에서 가장 높았던 가격. 1년의 거래 기록 중 가장 높은 가격은 연중 최고가라고 부른다.
>
> **＊ 저가**
> 그날의 거래 중에서 가장 낮았던 가격. 1년의 거래 기록 중 가장 낮은 가격은 연중 최저가라고 부른다.

봉 차트는 캔들 스틱 차트라고도 부르는데, 생일날 케이크 위에 꽂는 초(캔들)와 닮았다고 해서 붙여진 이름이다. 빨간색 또는 흰색은 양봉(또는 양선), 파란색 또는 검은색은 음봉(또는 음선)이다. 빨간색(하얀색)은 시가보다 종가가 오른 것 즉 주가가 올라갈 가능성을 보인 것이며, 반대로 파란색(검은색)은 종가가 시가보다 내려간 것 즉 주가가 내려갈 조짐을 나타낸 것이다. 이렇게 두 색으로 구분하는 덕분에 시세의 오르내림이 금방 한눈에 들어온다.

봉에는 수염이 나 있어 위로 뻗은 수염은 위그림자, 아래로 튀어 나온 수염은 아래그림자다. 위그림자는 하루에서 가장 높았던 주가인 최고가를 표시하고 아래그림자는 최저가를 표시한다(그림 25의 ①).

그림 25의 ②처럼 수염이 전혀 없는 흰색(빨간색)의 양봉은 시가와 저가, 종가와 고가가 같음을 보여 준다. 수염이 없는 검은색(파란색)의 음봉은 반대로 시가와 고가, 종가와 저가가 같다는 말이 된다.

앞에서 설명했듯 봉에는 수염이 위로 난 것과 아래로 난 것이 있는데, 다음 페이지의 그림을 보면 알겠지만 각각 이름을 갖고 있다.

예를 들어 시가와 저가, 종가와 고가가 같은 양봉은 단순히 수염 없는 양봉 이라고 부르며, 이것은 거래가 시작되고 나서 끝날 때까지 주가가 오르고 있다는 의미다. 몇 주일에 걸쳐 계속 주가가 내려가고 있을 때 양봉이 나오면 상승할 조짐이라고 추측할 수 있다.

이와 같이 봉에는 여러 종류가 있으며 각각의 봉은 주가를 예측하는 데 빠뜨릴 수 없는 중요한 의미를 지닌다.

그림 26. 봉 차트의 종류와 의미

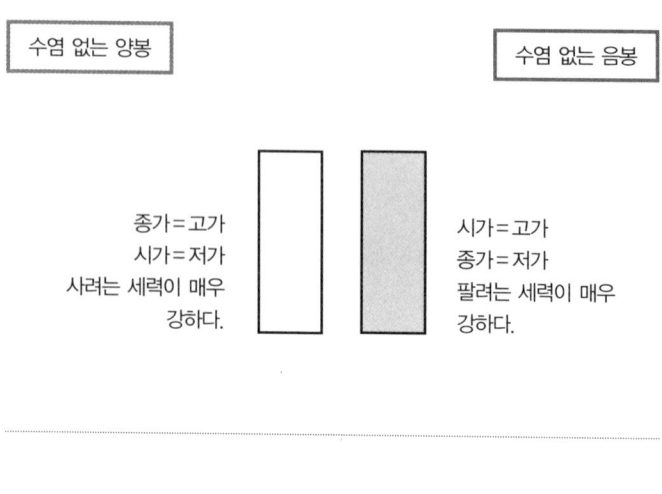

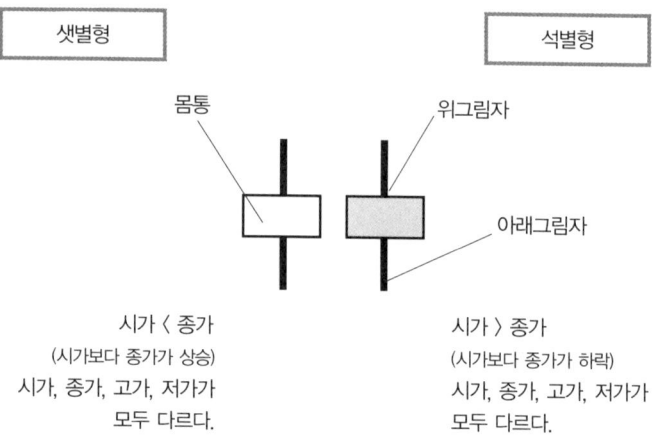

변동이 심한 봉 차트이다. 시세에 방향성이 없고 보합 상태가 많으며, 시세의 전환을 알리는 경우다.

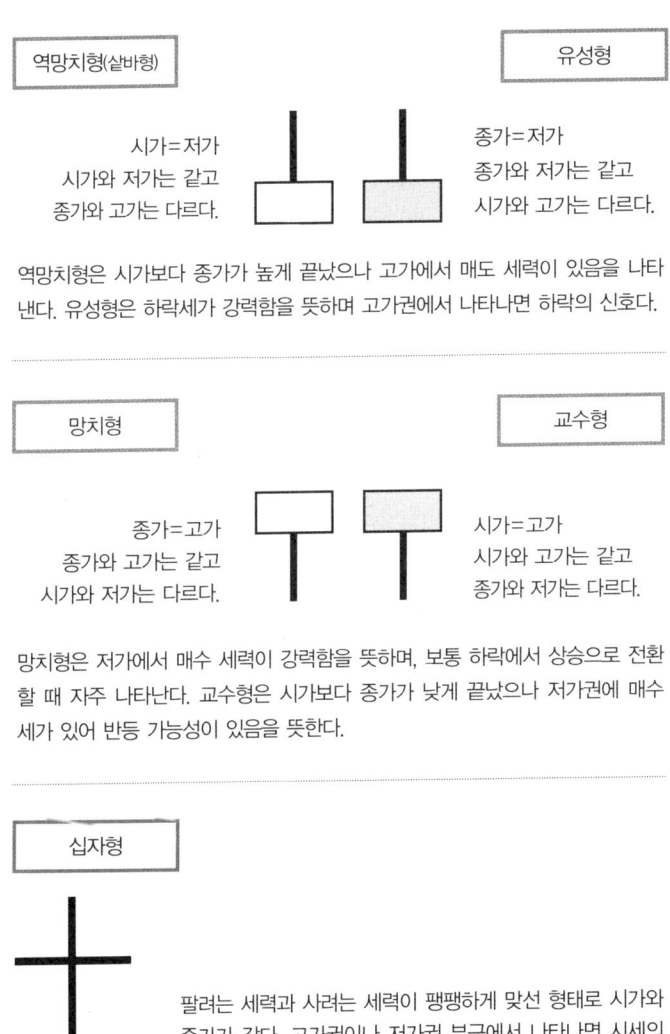

역망치형은 시가보다 종가가 높게 끝났으나 고가에서 매도 세력이 있음을 나타낸다. 유성형은 하락세가 강력함을 뜻하며 고가권에서 나타나면 하락의 신호다.

망치형은 저가에서 매수 세력이 강력함을 뜻하며, 보통 하락에서 상승으로 전환할 때 자주 나타난다. 교수형은 시가보다 종가가 낮게 끝났으나 저가권에 매수세가 있어 반등 가능성이 있음을 뜻한다.

팔려는 세력과 사려는 세력이 팽팽하게 맞선 형태로 시가와 종가가 같다. 고가권이나 저가권 부근에서 나타나면 시세의 전환이 많다.

차트 읽는법 2 — 추세선

＊ 추세선
주가의 움직임을 나타낸 차트 가운데 하나. 트렌드라인이라고도 한다. 주가는 끊임없이 움직이는 한편 일정 기간 관찰하면 일관된 움직임을 보이면서 산(고가)과 골짜기(저가)를 형성하는데, 이것이 추세이다. 추세선은 상승추세선·하락추세선·평행추세선(횡보추세선)으로 나뉜다. 일반적으로 주가가 추세선 범위에서 크게 벗어나면 방향 전환이 예상된다.

＊ 지지선
상승 추세에서 저가와 저가를 연결한 직선, 또는 주가가 더 이상 떨어지지 않고 버티는 가격대. 주가가 이 선 가까이 오면 바닥이 되어 상승으로 돌아선다.

＊ 저항선
하락 추세에서 고가와 고가를 연결한 직선, 또는 주가가 더 이상 오르지 않고 멈추는 가격대. 주가가 이 선 가까이 오면 천장이 되어 하락으로 돌아선다.

"**추세선**을 그릴 수 있다면 당신은 이제 어엿한 프로 투자자의 대열에 들어선 것이다."

이렇게 말하면 추세선이 대단한 것으로 느껴지겠지만 사실은 아주 쉽다. 추세선은 앞에서 설명한 봉 차트를 직선으로 잇기만 하면 되는 간단하고 실용적인 분석 방법이다. 다시 말해 추세선은 고가는 고가끼리, 저가는 저가끼리 선을 그어 잇는 것이다. 그림 27의 ①은 그래프에서 첫 번째로 내려간 주가(저가)와 두 번째 저가를 직선으로 이은 다음 연장한 것이다. 저가끼리 연결한 것은 **지지선**이라고 부르고, 고가끼리 연결한 것은 **저항선**이라고 부른다.

그림 27. 추세선의 종류

① 상승추세선

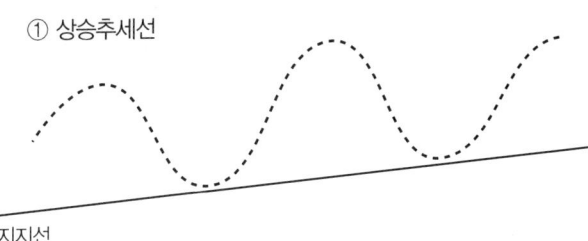

② 하락추세선

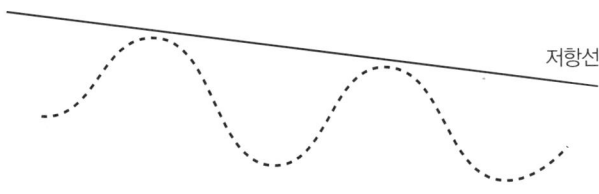

③ 평행추세선

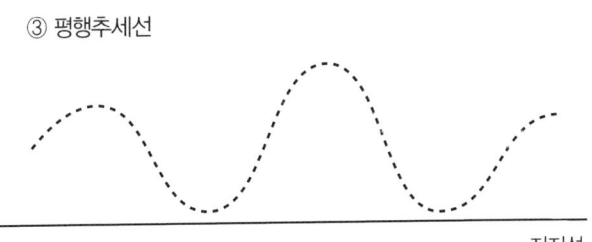

* **상승추세선**
추세선의 하나로, 저점의 위치가 계속 높아지는 것.
* **하락추세선**
추세선의 하나로, 산고점의 위치가 계속 낮아지는 것.
* **평행추세선**
추세선의 하나로, 추세가 확실치 않은 경우이며 주가의 바닥선을 이은 것.

직선의 오른쪽이 올라가면 **상승추세선**이라고 하는데, 주가가 지지선 위에 위치하고 있을 때는 시세가 오르고 있는 중이라는 것을 의미한다(그림 27의 ①). 이와 반대로 직선의 오른쪽이 아래를 향하는 **하락추세선**에서 주가가 저항선의 아래에 있을 때는 시세가 떨어지고 있음을 의미한다(그림 27의 ②). 올라가거나 내려가는 움직임이 없는 평평한 직선도 있는데 이것은 **평행추세선**이라고 부른다(그림 27의 ③).

추세선은 두 점을 이은 선이지만, 어느 한 시기만의 두 점을 잇는 것 외에 시기를 바꾸어 그어 보면 또 다른 추세선이 생긴다(그림 28). **주가의 움직임을 알려면 시기를 바꾸어 가며 여러 개의 추세선을 그어 보는 것이 중요하다.**

주가 차트가 지지선이나 저항선과 교차하고 있는 경우에는 시세의 전환기, 즉 주가가 오르고 있다면 하락으로, 내려가고 있다면 상승으로 돌아서리라고 예측할 수 있다. 이 예측은 주식을 사거나 팔 대략적인 시기를 결정짓는 재료가 된다.

보통 사람들은 '주가가 내려가면 사고 올라갔을 때 팔면 되는 거 아니야?' 하고 생각한다. 확실히 그대로만 한다면 돈을 벌 수 있다. 그러나 여러 번 사고팔아야 큰 이익을 챙길 수 있으므로 사놓은 주식을 주가가 올라갈 때까지 시간을 보내며 마냥 갖고 있는 데에는

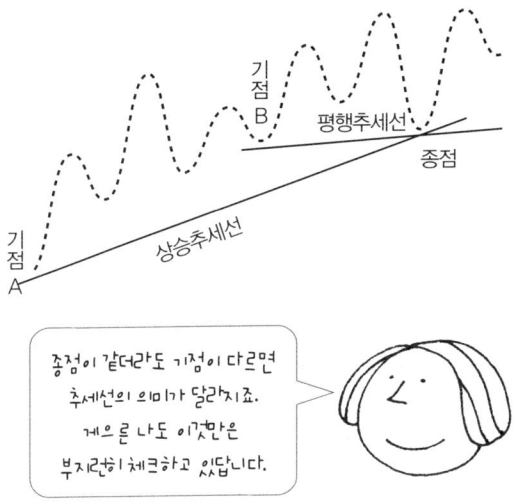

그림 28. 기점을 바꿔 추세선 그리는 법

그다지 찬성할 수 없다. 될 수 있는 한 **계획적으로 매매를 하기 위해서는 주가가 언제쯤 올라가고 내려갈지 미리 예측해 두는 것이 최선의 방법이다.**

상승추세선에서도 주가는 하루에 몇 번씩 오르내리며 끊임없이 움직인다. 주가의 움직임의 폭이 그다지 크지 않은 차트를 발견할 수 있다면, 고가와 저가를 어느 정도 예측할 수 있으므로 1~3일 정도의 주기로 같은 종목을 여러 번 매매하는 것이 가능하다. 이것은 하락추세선에서도 마찬가지다. 하지만 상승 추세선에서 사고팔아야 어쩐지 심리적으로 안심이 된다. 따라서 **초보자에게는 하락추세선에서 여러 번 매매하는 것을 권하지 않는다.**

차트 읽는 법 3 — 이동평균선

10

J. E. 그랜빌이라는 현명한 투자자가 고안해 낸 **그랜빌의 법칙**이 있는데, 이것은 일정 기간의 평균 주가를 꺾은선 그래프로 나타낸 **이동평균선**을 이용하고 있다. 평균을 내는 기간은 다양한데 이를테면 5일 간의 주가 평균을 나타낸 것은 5일 이동평균선이라고 부른다. 봉 차트에는 이 이동평균선이 구분하기 쉽도록 다른 색으로 같이 그려져 있다.

주가는 하루에도 몇 번씩 오르내리기를 반복하며, 우리는 그렇게 등락하는 주가에 따라 마음이 흔들린다. 하지만 평균값을 취하면 주가의 일시적인 오르내림에 그다지 동요하지 않아도 될 뿐 아니라 주가의 경향을 보다 정확하게 파악할 수 있다.

> *** 그랜빌의 법칙**
> 이동평균선을 분석해서 매매 시점을 포착하는 방법. 미국의 증권 분석가 그랜빌(J. E. Granville)이 고안해 낸 투자 전략이다. 주가는 이동평균선에서 멀어질수록 회귀하려 하고 가까워질수록 멀어지려는 성격이 있는데, 그랜빌은 이를 이용해 주식을 매수하고 매도하는 8가지 방법을 제시했다.
>
> *** 이동평균선**
> 일정 기간 주가의 평균값을 구해 만드는 지표. 그랜빌이 고안해 낸 것으로 주가의 흐름을 관찰할 수 있다. 매일의 주가가 이 이동평균선 위쪽으로 멀어지면 팔 신호(매도 신호), 아래로 떨어지면 살 신호(매수 신호)로 해석한다. 평균을 취하는 기간은 5일, 10일, 20일, 60일, 120일, 240일 등이 있으며 이 기간이 절대 기준은 아니다.

그림 29. 이동평균선 읽는 법

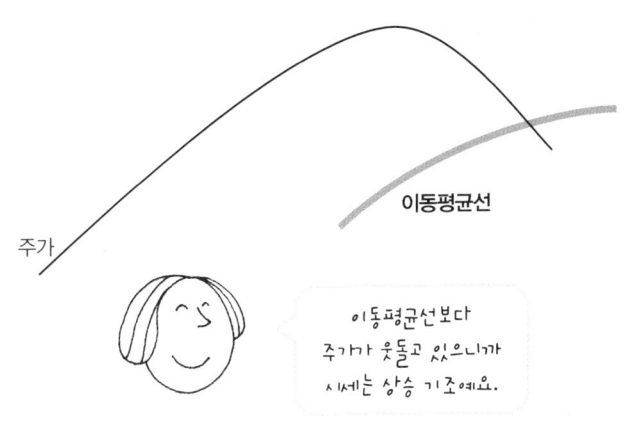

그림 30. 그랜빌의 법칙으로 보는 매매 신호

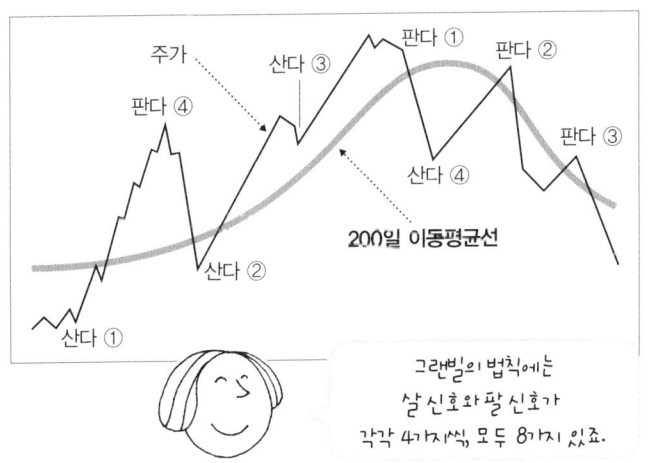

그림 29처럼 이동평균선보다 주가가 위에 있는 경우에는 상승 기조로 판단할 수 있다. **주가가 내려가기 시작했을 때 이동평균선도 같이 내려가기 시작하면 시세의 전환기라고 생각한다.**

그림 30을 보면 그랜빌의 법칙을 이해하기 쉬울 테지만, 주가와 이동평균선을 동시에 보아야 주식을 살 시기 혹은 팔 시기를 판단할 수 있다. 이 법칙에서는 살 시기와 팔 시기를 분명하게 구분짓고 있으나, 주식은 법칙대로 되지 않게 마련이므로 어디까지나 예측 재료로서 참고할 뿐이다.

그랜빌의 법칙을 응용한 것에 **골든크로스**와 **데드크로스**라는 것이 있다. 이 2가지 크로스는 그랜빌의 법칙보다 이해하기 쉬우므로 나는 이것들을 참고로 하는 경우가 많다.

* 골든크로스
주가를 예측하는 지표로, 단기 이동평균선이 장기 이동평균선을 아래에서 위로 돌파하는 상황. 주가가 상승하는 강세 시장으로의 강력한 전환을 예고하는 신호로 해석된다.

* 데드크로스
주가를 예측하는 지표로, 단기 이동평균선이 장기 이동평균선을 위에서 아래로 돌파하는 상황. 주가가 하락하는 약세 시장으로의 강력한 전환을 예고하는 신호로 해석된다.

그림 31에서 ①의 그림처럼 단기 또는 중기 이동평균선이 장기 이동평균선을 아래에서 위로 돌파하여 교차(크로스)하고 있는 것은 골든크로스다. 반대로 단기 또는 중기 이동평균선이 장기 이동평균선을 위에서 아래로 빠져 나가고 있는 것이 데드크로스다. 단기와 장기의 이동평균선을 이용하지만, 사람에 따라서는 5일 간의 평균값으로 그린 5일 이동평균선과 26주 이동평균선을 사용하거나 주가 라인과 이동평균선을 사용하는 경우가 있다.

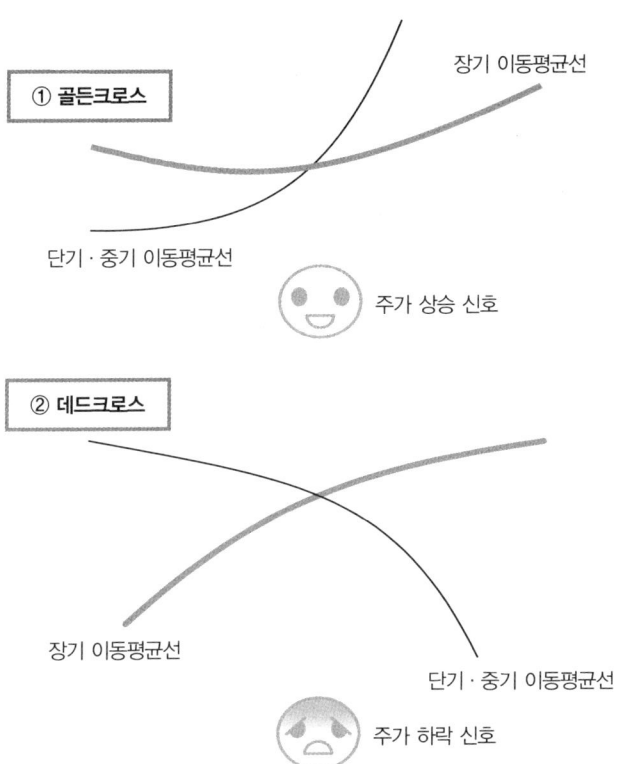

그림 31. 골든크로스와 데드크로스

이름으로도 충분히 미루어 짐작힐 수 있겠지만, 골든크로스 쪽은 주가 상승을 예측할 수 있으니 주식을 살 기회다. 게다가 최고지라고 판단되는 주가에서 팔면 이익이 남는다. 그리고 데드크로스는 주가 하락을 예측할 수 있다. 갖고 있는 주가 차트가 데드크로스를 보이면 샀을 때보다 내려가기 전에 얼른 팔아 버리는 것이 좋다.

애널리스트의 한마디

그랜빌이 제시한 거래 시점 8가지란?

 미국의 투자자이자 애널리스트 그랜빌이 매매 시점, 즉 사야 할 매수 시점 4가지와 팔아야 할 매도 시점 4가지를 합해서 8가지 시점에 관해 설명한 것이 그랜빌의 법칙입니다. 그럼 그림을 이용해 한번 이야기해 보죠.

매수 신호

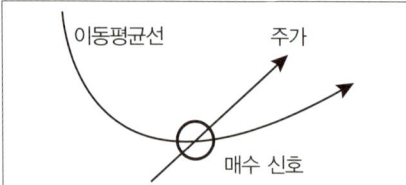

① 이동평균선이 하락 추세에서 평행 추세나 상승 추세로 전환되고 주가가 이동평균선을 뚫고 올라갈 때.

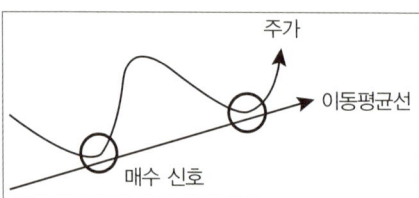

② 이동평균선보다 높은 주가가 하락했으나 이동평균선을 밑돌지 않고 다시 상승할 때.

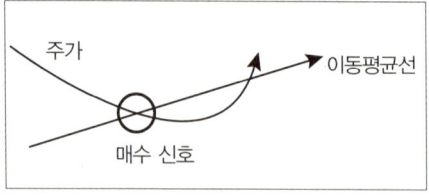

③ 이동평균선은 상승하고 주가가 이동평균선을 밑돌 때.

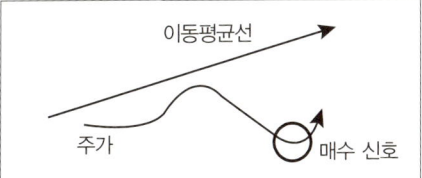

④ 이동평균선보다 아래에 있는 주가가 갑자기 하락하다 다시 상승할 때.

매도 신호

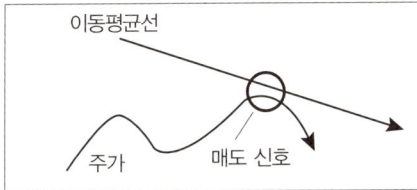

① 주가가 이동평균선 밑에서 상승하다 이동평균선을 뚫지못하고 다시 하락할 때.

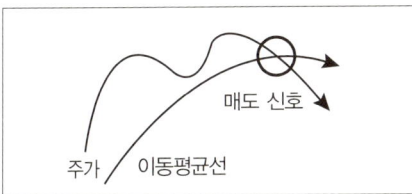

② 이동평균선이 상승 추세에서 평행 추세나 하락 추세로 전환되고 주가가 이동평균선을 뚫고 내려갈 때.

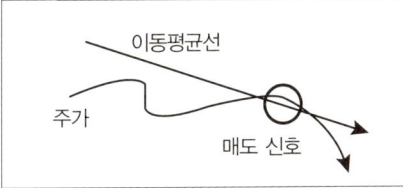

③ 하락 추세인 이동평균선을 주가가 일시적으로 웃돌 때.

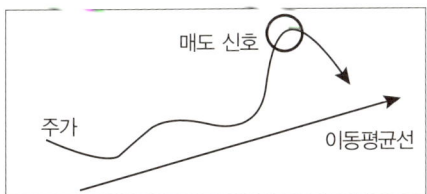

④ 상승 추세인 이동평균선 위에서 주가가 급등할 때.

애널리스트의 한마디

이동평균선 그리는 법을 알아 두자

지금까지 이동평균선과 주가 예측, 매매 시점 따위에 관해 알아보았습니다. 그리고 5일 이동평균선은 5일 간의 주가를 평균 내서 그리는 거라고 설명했었습니다. 그런데 이 설명을 읽으며 '5일 간의 평균 주가든 200일 간의 평균 주가든 평균값은 하나밖에 안 나오는데 어떻게 그래프를 그려?' 하고 의아하게 여기는 독자가 있을 겁니다. 그런 독자를 위해 여기에서는 이동평균선을 그리는 데 필요한 평균 주가를 내는 방법을 간단하게 이야기해 보겠습니다.

날짜	주가	5일 평균 주가
7월 1일	10,000원	—
7월 2일	11,000원	—
7월 3일	10,500원	—
7월 4일	9,000원	—
7월 5일	10,000원	10,100원 ①
7월 6일	10,500원	10,200원 ②
7월 7일	11,000원	10,200원 ③
7월 8일	12,000원	10,500원 ④
7월 9일	11,500원	11,000원 ⑤
7월 10일	13,000원	11,600원 ⑥

① 7월 1일에서 5일까지의 주가를 합한 다음 5로 나누어 5일 간의 평균 주가를 구한 값

② 7월 2일에서 6일까지의 주가를 합한 다음 5로 나누어 5일 간의 평균 주가를 구한 값

③ 7월 3일에서 7일까지의 주가를 합한 다음 5로 나누어 5일 간의 평균 주가를 구한 값

④ 7월 4일에서 8일까지의 주가를 합한 다음 5로 나누어 5일 간의 평균 주가를 구한 값

⑤ 7월 5일에서 9일까지의 주가를 합한 다음 5로 나누어 5일 간의 평균 주가를 구한 값

⑥ 7월 6일에서 10일까지의 주가를 합한 다음 5로 나누어 평균 주가를 구한 값

이런 식으로 계산하여 구한 값을 그래프상에서 이으면 5일 이동평균선이 되는 거죠. 단, 여기에서 7월 4일까지는 주가의 값이 4개밖에 안 되므로 평균 주가를 구할 수 없습니다.

이동평균선을 구하는 원리를 알았으니 이제 더 간단한 방법을 소개하죠. ①번은 위에서 설명한 방식대로 계산해야 합니다. 하지만 ②번부터는 직전 5일 간(7월 1일에서 5일까지) 주가 합계에 이동평균선 기준일 주가(7월 6일의 10,500원)를 더하고 5일 전의 주가(7월 1일의 10,000원)를 뺀 뒤 5로 나누면 쉽게 계산할 수 있습니다. 장기 이동평균선을 계산할 때 기준일까지 주가 합계를 기억하고 있다 위와 같은 방식으로 계산하면 편리하죠.

3 이것들을 지키면 실패하지 않는다!
종목 선택의 법칙 10가지

1 주식 투자 성공의 반은 종목 선택에 의해 좌우된다 | 112 |

2 증권회사의 정보 서비스를 이용한다 | 116 |
　• 애널리스트의 한마디 | 증권회사에서 제공하는 정보를 빠짐없이 이용하자 | 122 |

3 계절 종목은 시즌 몇 달 전부터 체크한다 | 124 |
　• 애널리스트의 한마디 | 주식에도 제철 주식이 있다 | 128 |

4 일상생활에서 히트 상품을 찾아라 | 130 |

5 저가주, 고가주, 유행 종목을 찾아내자 | 134 |
　• 애널리스트의 한마디 | 주식을 부르는 여러 이름을 알아 두자 | 138 |

6 돈이 되는 종목과 같은 업종, 관련 업종의 종목을 찾는다 | 140 |

7 어느 정도 오르내림이 있는 차트가 좋다 | 144 |

8 결산 후에도 주가를 체크하자 | 148 |
 • 애널리스트의 한마디 | 주식으로 돈을 버는 데에는 배당도 있다 | 152 |

9 환율 변동으로 돈이 되는 종목을 파악하자 | 154 |
 • 애널리스트의 한마디 | 환율의 변화에 민감해지자 | 158 |

10 외국인 투자자는 대단하다! | 160 |
 • 애널리스트의 한마디 | 외국인 투자자의 움직임을 지켜보자 | 162 |

주식 투자 성공의 반은 종목 선택에 의해 좌우된다

주식 투자란 종목을 선택해서 사고파는 단순한 작업의 반복이다. 그러므로 주식으로 돈을 버느냐 못 버느냐의 반은 종목 선택이 결정 짓는다고 할 수 있다. 그리고 종목을 선택하지 않으면 주식 거래 자체가 시작되지 않는다. 내가 지금까지 해온 종목 선택의 방법은 **자신이 잘 알고 있는 기업이나 아주 좋아하는 상품을 개발·판매하고 있는 기업 중에서 선택하는 것이다.** 그리고 거리에서 관심이 가는 회사를 발견하면 집에 돌아와 그 회사에 대해 조사해 본다.

그 기업들을 표(나는 편의상 컨비니언스 테이블이라고 부르지만, 일반적으로 **포트폴리오**라고 한다)로 정리해 두었다가 주식을 살 때 적당한 종목을 선택한다.

지금 그 표에는 100여 개 종목이 죽 늘어서 있지만, 그래도 상장 기업 전체의 수에 비하면 얼마 안 되는 수이며 내 영역은 그 정도다. 그 수가 적은 만큼 주식을 사기에(신용 거래를 할 경우에는 파는 것도 포함) 적

> *** 포트폴리오**
> 본디 '종이 집게' '자료 수집철'을 의미하는 말이었으나 주식에서는 유가증권 일람표를 뜻하는 말로 이용된다. 또한 분산 투자를 전제로 리스크를 최대한 억제하는 투자 과정을 말하는 경우도 있다.

그림 32. 종목 선택의 중요성

성공의 반은 종목 선택이
결정짓습니다.

합한 종목을 찾아내기가 한결 쉽다.

종목과 **현재가**, **전일비**, 손익 등이 들어간 표라면 증권회사의 홈페이지에서 손쉽게 만들어 관리할 수 있다. 나는 주식을 처음 시작했을 때는 표 작성 소프트웨어인 엑셀을 이용해 만든 표를 프린트하여 벽에 붙여 놓았었다. 여러분도 각자 좋아하는 방법으로 하나의 컨비니언스 테이블(포트폴리오)을 작성하여 가까이에 두고 항상 이용하면 유용할 것이다.

> * **현재가**
> 현재의 가격. 하루 중에서의 최신 주가를 말한다.
> * **전일비**
> 전날의 종가에 비해 가격이 오르거나 내린 정도.

주식에 관한 정보는 텔레비전 뉴스, 신문, 잡지로부터 각 증권회사의 서비스, 인터넷 게시판까지 정말 무한대로 있다. 모든 정보를 파악할 수 있다면 더없이 좋을 테지만, 그것은 절대로 불가능한 일이다. 또 **정보에는 100퍼센트 확실한 정보와 상당히 정확한 정보, 부정확한 정보가 있으므로 그것들을 구분할 줄 알아야 한다.**

따라서 확실한 정보를 보다 많이 보다 짧은 시간에 파악하여 종목을 선택하는 것이 중요하다. 이 단계에서 갈팡질팡하고 있다 보면 주식을 사기에 좋은 시기를 놓치고 만다. 그러므로 이제부터 가능한 한 실패하고 후회하는 일이 없도록 하기 위해 앞에서 이야기한 컨비니언스 테이블을 포함하여 10가지 포인트를 설명하겠다.

물론 내가 설명하는 포인트 외에 여러분이 믿을 만하다고 판단되는 정보와 만나면 그것도 참고하기 바란다. 다만 **인터넷 게시판에서 사뭇 진짜 정보처럼 이야기하는 것들에는 주의해야 한다.**

그림 33. 컨비니언스 테이블(포트폴리오)의 일부

내가 잘 알고 있는 기업,
좋아하는 상품을 판매하는 기업 중에서
선택하고 있습니다.

종목 선택의 법칙 10가지 115

증권회사의 정보 서비스를 이용한다

2

 우선 자신이 거래할 계좌를 개설한 증권회사의 정보 서비스를 100% 활용하도록 하자.

 증권회사에 따라 서비스 내용은 다양하지만, 크게 나누어 주식 시장 정보·주식 정보·**투자신탁(펀드)** 정보 등 주식을 사고파는 데 유용한 정보와 포트폴리오·거래·계좌 관리 등 투자자 개인의 거래 내용을 관리하는 정보가 있다.

 주식 시장 정보로는 '오늘은 주가가 전반적으로 약세를 면치 못하는구나' **시장 평균 주가**가 1만 2,000원을 넘었네' 하며 전체 주식 시장의 흐름을 읽을 수 있다.

 종목들을 나열한 컨비니언스 테이블 속에서 주식을 사기에 적당한 종목이 찾아지지 않을 때에는 주식 정보에 있는 랭킹 정보를 참고로 하면 좋다. 랭

* **투자신탁(펀드)**
투자자로부터 모은 자금을 전문 위탁 회사(운용 회사)가 운용하여 거기에서 얻은 이익을 출자액에 따라 투자자에게 분배하는 것. 원금은 보장되지 않고 리스크와 수익이 모두 투자자에게 귀속된다.

* **시장 평균 주가**
주식 시장 전체의 변화를 살피거나 개별 종목의 주가와 추세를 비교하는 데 이용되는 지표. 일정한 수의 종목을 선정하여 그날그날 주가의 평균치를 구해 작성하거나 시장 전체의 시가 총액을 모든 상장 회사들의 총 발행 주식 수로 나누어 구한다. 다른 지표와 함께 사용하는 것이 바람직하다.

그림 34. 증권회사의 정보 서비스

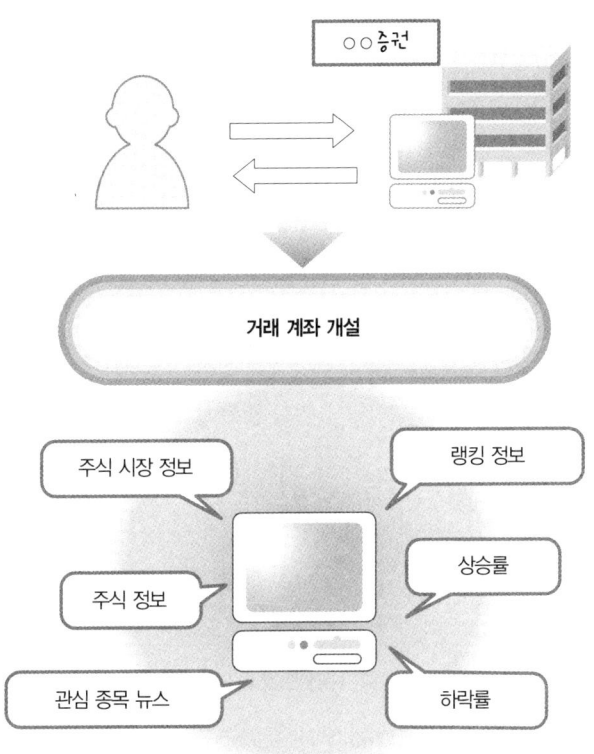

킹 정보의 오름세 정보로는 앞으로 좀 더 올라갈 종목인지, 아니면 전날 내려갔기 때문에 그 반발로 오른 종목인지 등을 체크한다. 내림세 정보로는 내려가기 시작한 것인지, 아니면 저가를 기록한 것인지 등을 본다.

또한 랭킹 정보의 베스트 10에 들어 있는 종목에 관해 좋은 뉴스(**호재**) 혹은 나쁜 뉴스(**악재**)가 있었는지를 조사해 뉴스가 그다지 주가에 영향을 주고 있지 못할 때는 같은 업종의 다른 종목을 체크해 본다.

관심 종목에 대한 뉴스도 참고로 하자. 예를 들어 '도요타, **엔저**로 인해 연초부터 연일 고가 갱신'이라는 뉴스가 있다고 하자. 이런 경우에는 상승세를 타고 있는 도요타의 주식을 사도 좋고, 도요타와 마찬가지로 엔저에 의해 이익을 얻는 기업을 찾아보는 것도 좋다.

그러나 도요타 주식의 상승세를 이용하려고 생각하는 사람은 특별히 주의를 기울여야 한다. 연초부터 계속 고가를 기록하고 있다니 큰 돈을 벌 수 있을 거라고 기대해 너무 큰 돈을

---

* **호재**
주가에 좋은 영향을 미칠 것으로 예상되는 요인. 예를 들어 금리 인하, 경기 부양책 증자, 기관 투자가의 대량 매수 등이 호재가 된다.

* **악재**
주가에 좋지 않은 영향을 미칠 것으로 예상되는 요인. 예를 들어 금리 인상, 경기 침체, 과다한 신용 거래, 기관 투자가의 대량 매도 등이 악재가 된다.

* **관심 종목**
주가가 오를 것으로 기대되어 관심을 갖고 지켜보는 하나 이상의 종목. 관심 종목의 차트, 거래량 등을 분석하며 꾸준히 지켜보다 적당한 시기가 오면 신속하게 사들인다. 또 기대 이하인 경우에는 관심 종목에서 제외시킨다.

* **엔저**
일본 엔의 가치가 미국의 달러나 유럽의 유로 같은 외국 통화보다 싸지는 것. 엔 약세라고도 한다. 예를 들어 어제 1달러에 120엔 하던 교환 비율(환율)이 오늘 1달러에 125엔이 되는 상황을 말한다. 우리 나라의 원화도 똑같이 적용된다.

그림 35. 관심 종목 뉴스

엔저로 연초부터 연일 고가 갱신

관심 종목 = 매수가 아니므로 주의하자.

쏟아 넣거나 더 올라갈 거라고 욕심을 부리면 크게 손해를 본다.

모든 사람이 알 수 있는 **뉴스거리가 되었을 때에는 이미 돈을 벌 시간이 얼마 남지 않은 상황이라고 생각하는 편이 좋다.** 이렇게 호재에 편승하여 돈을 벌려고 생각하는 사람은 당신만이 아니라 그 정보를 접한 수많은 사람이 똑같은 생각을 하고 있다고 보아야 옳다.

어디까지나 **관심 종목은 그야말로 관심일 뿐, 그 종목을 사도 된다고 보장하는 것은 아니다.** 다만 편승하고 싶은 마음이 드는 것은 이해한다. 그런 경우에는 다음날까지 거래를 마무리짓도록 한다. 당신은 최고가가 아니라도 얼마든지 이익을 남길 수 있다.

작은 액수라도 이익 확보가 우선이다.

증권회사의 정보 서비스는 놓치지 않고 몽땅 파악하겠다고 생각하고 덤벼들면 정보의 방대함에 놀랄 것이다. 정보에는 당장 도움이 되는 것, 언젠가 도움이 될 것, 흥미로운 것, 그렇지 않은 것 등 여러 가지가 있다. 정보 이용과 수집 방법에 대해서는 뒤에서 다시 한 번 설명하겠지만, 대부분의 사람은 무조건 많은 정보를 모으는 것 자체에 만족하고 그것으로 다되었다고 생각하기 쉽다. 하지만 정보가 산처럼 쌓여 있다고 해서 그것이 대신 주식 거래를 해주고 대신 판단해 주는 것은 아니다. 쌓여 있는 정보 가운데 필요한 것을 골라내 제대로 이용할 줄 아는 것이 더욱 중요한 일이다.

그리고 아무리 정보를 많이 모으려 노력한다고 한들 어차피 이 세상의 모든 정보를 손에 넣을 수는 없는 노릇이다. 그러므로 유용한 정보의 출처를 자기 나름대로 제한하고 그 이상의 정보에는 미련을 갖지 않아야 주식 거래에 도움이 된다. 왜냐하면 정보를 모으는 데 시간을 보내느라 정작 주식을 사고팔 시간을 없애고 사고팔 적기를 놓치게 되기 때문이다. **정보에 휘둘리지 말고 정보를 적절하게 이용할 줄 아는 사람이야말로 주식에서 성공을 거두는 사람이 될 수 있다.**

애널리스트의 한마디

증권회사에서 제공하는 정보를 빠짐없이 이용하자

증권회사는 고객을 위한 서비스로서 주식 투자에 유용한 많은 정보를 제공하고 있습니다. 우선 투자자들이 쉽게 알 수 없는 기업들의 경영 상황이라든지 이익 전망 등에 관한 정보를 알려 줍니다. 증권회사의 애널리스트들이 기업 현장을 직접 둘러보고 어느 종목이 좋고 나쁜지를 알려 주는 거죠. 또 주식 시장 전체의 흐름을 파악하고 분석해서 앞으로 어떻게 될 것인지 투자자들에게 수시로 조언합니다. 그러므로 증권회사들이 내놓는 보고서를 적절하게 활용하면 투자에 큰 도움이 됩니다.

특히 증권회사의 홈 트레이딩 시스템(HTS : Home Trading system)을 이용하면 손쉽게 정보를 얻을 수 있습니다. 우리 나라의 인터넷 인구가 하루가 다르게 증가하면서 집이나 사무실 등 컴퓨터가 있는 곳이면 어디에서든 이용할 수 있는 홈 트레이딩 시스템을 사용하는 주식 투자자 역시 급속하게 많아졌습니다. 그리고 증권회사들이 투자자들의 다양한 입맛을 맞추기 위해 치열한 서비스 경쟁을 벌이면서 홈 트레이딩 시스템은 갈수록 똑똑해지고 있기 때문이죠.

이런 변화에 의해 그저 주식 매매 수단에 불과하던 홈 트레이딩 시스템은 종목을 입체적으로 분석할 수 있게 되었을 뿐 아니라 기술적 분석 차트나 채권 매매, 야간 주식 시장·프리보드시장 주문 등 다양한 기능을 갖추게 되었습니다. 주식에 관한 뉴스가 나오는 즉시 관련 종목에 주식 매매 주문이 가능한 뉴스 트레이딩이 도입되어 있는가 하면, 투자자가 사전에 매매 조건을 입력해 두면 자동으로 매매 주문이 나가는 주식 자동 주문 서비스도 가능합니다. 또 전 세계 주식 시장의 움직임을 실시간으로 조회하며 안방에서 해외 주식까지 주문할 수도 있습니다.

이를테면 삼성증권은 관심 종목을 입력해 놓으면 관련 뉴스가 나오는 즉시 알람 소리와 함께 매매를 도와주는 '뉴스 포착 서비스'를 제공하고 있으며, 현대증권은 직장은 직장인을 위한 트레이딩 전용 프로그램을 개발하여 직장에서 엑셀과 워드 등을 작업을 하는 동시에 주식 시세를 볼 수 있는 시스템을 제공하고 있습니다. 대신증권의 홈 트레이딩 시스템에는 고객 예탁금, 선물 예수금, 미수금 잔고, 신용 융자, 주식형 수익 증권 등 총 8가지의 추이를 하나의 화면에서 비교·분석할 수 있는 '증시 자금 비교 차트' 기능이 있습니다.

또 한국투자증권은 증권과 펀드 계좌를 한 화면에서 직접 관리할 수 있는 자산 관리형 홈 트레이딩 시스템을 갖추고 있으며, 대한 투자증권은 업계에서 최초로 다른 회사의 모든 펀드와 해외 펀드의 정보를 확인할 수 있는 시스템을 갖추고 있습니다. 이외에 펀드 투자자들을 위해 펀드의 수익률 비교는 물론이고 가상 투자 수익률까지 계산해 주는 기능을 제공하는 홈 트레이딩 시스템도 있죠.

그러므로 거래하고 있는 증권회사의 홈 트레이딩 시스템의 기능을 하나하나 체크하여 100% 활용하면 성공 투자에 한 걸음 다가간 셈이 될 겁니다.

계절 종목은
시즌 몇 달 전부터 체크한다

3

나의 컨비니언스 테이블(포트폴리오) 속에는 정기적으로 거래하는 계절 종목이라는 게 있다.

'봄을 사랑하는 사람은 이사를 좋아하는 사람.'

봄은 입학, 취직, 전근의 계절이고 이사하는 사람들이 많은 시기다. 여기에 생각이 미치면 먼저 운수업, 부동산업 등의 업종을 체크해 본다. 그리고 집을 짓는 사람이 있을 수 있다. 그 김에 건설업도 한번 체크해 둔다. 조금 더 연상 작용을 발휘해 보자. 이사한 후에는 새로운 가구가 필요하고, 신입생에게는 책상이나 구두가, 신입 사원에게는 양복이 필요하다. 생각이 여기까지 미치면 백화점이나 의류 관련 업종에도 한번쯤 눈길을 돌려 본다.

'여름을 사랑하는 사람은 목이 마른 사람.'

여름은 당연히 더운 계절이다. 그러니 시원한 음료수가 빠질 수 없다. 어린이는 탄산 음료수를, 다이어트를 하는 여성은 녹차를, 남성은 맥주를 찾는다. 아무튼 여름은 더위 때문에 음료수가 날개 돋친 듯 팔리는 계절이다. 그렇다면 주스나 차 같은 음료수를 생산하

그림 36. 여러 달 전부터 체크하는 계절 종목

계절 종목을 체크하자.

봄을 사랑하는 사람은 이사를 좋아하는 사람

봄은 입학, 취직, 이사의 계절입니다.
운수업, 부동산업, 의류업 등에 주목하죠.

는 업계와 맥주 업계의 종목을 뒤져 보는 건 어떨까?

그럼 이런 것들을 언제 체크해야 할까? 여름이 온 다음 여름에 매출이 늘어나는 기업의 종목을 조사해서는 뒤늦다. 여름에 제철을 맞는 기업의 판매 실적이 여름에 호조를 띠는 건 당연하다. 하지만 이건 누구나 생각할 수 있는 사실이다. 따라서 그전에 주가가 낮을 때 미리 주식을 사두어야 하는 것이다. **최소한 3~4개월 전부터 차트를 확인하다 주가가 낮을 때 사는 것이 바람직하다.**

다만 앞에서 말한 것처럼 다른 사람도 똑같은 생각을 하므로 주가가 올라가 비싸지면 주식을 파는 사람이 속출하게 된다. 그렇게 되면 제철인 여름이 오기도 전에 주가가 내려가 버리는 경우가 있다.

계절 종목을 노린다면 몇 달 전부터 관심 있게 지켜본다. 그리고 몇 달 후까지 체크하는 것을 잊지 말자. 예를 들어 여름에 어떤 맥주 회사의 매출이 오르면 주가 또한 오르게 되어 있다. 반대로 그다지 덥지 않은 여름이 찾아와 예상 밖으로 매출이 좋지 않으면 주가 역시 저조하다. 이같이 계절 종목은 어느 정도 주가 차트를 예상할 수는 있으나, 기후에 따라 달라진다.

그러니 주식 거래를 하는 사람은 컴퓨터 화면만 쳐다보고 있지 말고 때로는 창문을 열고 바깥 공기를 마시거나 산책을 나가 직접 주가의 등락을 느끼도록 하자.

'가을을 사랑하는 사람은 먹는 것을 좋아하는 사람.'

'겨울을 사랑하는 사람은 난방도 하겠죠.'

그림 37. 맥주 회사 주식의 예

주식에도 제철 주식이 있다

제철 과일, 제철 채소를 많이 먹어야 건강에 좋다는 이야기를 많이 들어 보았을 겁니다. 하기야 이제는 농사 기술이 발달하여 사시사철 원하는 과일과 채소를 먹을 수 있어 언제가 어느 과일을 먹을 제철인지 분간하기가 어려워졌지만 말입니다.

앞의 본문에서 저자가 계절과 주식의 관계에 대해 설명했지만 주식에도 이렇게 계절에 맞는 제철 주식이 있다는 데 놀란 독자가 많으리라 생각합니다. 우리 나라처럼 사계절의 구분이 뚜렷한 환경에서는 더욱 그렇습니다. 날씨가 추운 겨울에는 따뜻하게 난방을 하고 더울 때는 시원하게 냉방을 하고 차가운 음료수를 찾으며, 연초가 되어 입학과 졸업 시즌이 되면 학생들을 위해 선물을 하는 등 우리의 일상생활이 계절의 영향을 받기 때문이죠. 그럼 계절에 관련되어 주가가 변화하는 주식 종목에는 어떤 것들이 있는지 간단하게 설명해 보겠습니다.

• 봄

졸업과 입학 시즌을 맞아 선물용으로 컴퓨터 수요가 많아지고 겨울이 끝나고 농사철이 시작되므로 컴퓨터 관련주·이동 통신 관련주·반도체 관련주·비료업계 주식의 주가가 상승합니다. 따라서 KTF·LG텔레콤·팬택·서울반도체·피앤

텔·에이스디지텍·신화인터텍·동진쎄미켐 등을 봄철에 이익을 얻을 수 있는 종목으로 꼽을 수 있습니다.

- 여름

더위 때문에 수요가 증가하는 아이스크림·음료수·맥주·에어컨 등을 생산하는 기업이나 여행·영화·게임 관련 기업의 주가가 상승하며, 여기에 해당하는 종목으로는 하이트맥주·롯데삼강·빙그레·LG전자·위닉스·디와이·하나투어·CJ엔터테인먼트·엔씨소프트·파라다이스 등을 예로 들 수 있습니다.

- 가을

가을은 춥지도 덥지도 않은 탓에 야외 활동을 즐기고, 많은 남녀가 결혼을 하며 특히 추석이 있어 쇼핑 관련 기업이나 제과업계의 주식이 주목을 받습니다. 이를테면 호텔신라·대한항공·하나투어·오리온·현대백화점·GS홈쇼핑 등이 관련 주라고 할 수 있습니다.

- 겨울

여름과 마찬가지로 추위 때문에 수요가 증가하는 난방용품, 난방 기기, 연료 등을 생산하는 기업의 주가가 올라갑니다. 특히 혹한이 닥칠 경우 SK·경동보일러·현대중공업·유니슨·케너텍 등을 관심 있게 지켜볼 만하죠.

일상생활에서
히트 상품을 찾아라

4

　주식 거래를 한 적이 없는 사람, 특히 대부분의 여성은 주식이라고 하면 남성들만의 세계로 여긴다. 확실히 주식회사의 사장에는 남성이 많고 주식을 취급하는 증권 회사의 직원도 거의 남성이다.
　하지만 실제로는 여성이 주식 세계를 지탱해 주고 있으며 여성 덕분에 주식의 가격이 오르내리며 주식으로 돈을 버는 사람이 생기는 게 아닐까 하는 생각이 든다.
　예전에 의류업계 정상을 달리던 유니클로나 패스트리테일링은 저렴한 가격의 의류를 대량 판매하여 눈부시게 성장한 기업들이다. 몇 년 전 크게 유행한 유니클로의 옷은 남녀노소 할 것 없이 전 국민의 반수 이상이 한 벌쯤은 갖고 있다고 할 정도다. 우리 집 또한 나는 물론 남편과 아이들 옷까지 유니클로의 상품을 애용해 유니클로의 매출에 상당히 기여한 편이다. 이 책을 쓰고 있는 지금도 작년에 유니클로에서 산 옷을 입고 있으며, 매일 가까운 곳으로 장 보러 갈 때 가볍게 걸치는 웃옷도 유니클로의 것이다.
　그런데 그렇게 저렴하고 마음에 드는 옷을 다른 곳에서도 살 수

그림 38. 히트 상품, 유행 상품과 주식

주식은 남성의 세계라는 이미지가 있지만, 사실 여성들 덕분에 주식의 세계가 존재하는 걸지도 몰라요.

유니클로의 의류

유니클로에 지지 않는 저렴하고 좋은 상품을 팔기 위해 노력하고 있습니다.

이토요카도

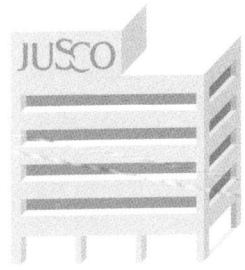

자스코

종목 선택의 법칙 10가지 131

있게 되었다. 대형 슈퍼마켓의 이미지가 강하던 이토요카도나 자스코는 슈퍼마켓과 백화점의 중간 형태로 정비하여 유니클로 못잖은 저렴한 가격과 훌륭한 디자인을 지닌 의류를 판매하고 나선 것이다. 식료품과 의류를 같은 건물 안에서 살 수 있다는 편리함 때문에 자연히 이토요카도를 자주 찾고 유니클로를 멀리하게 되었다. 그러자 한때 15만 원대를 기록하던 유니클로의 주식이 지금은 8만 원대로 떨어졌다.

중년 남성은 어디에서 사든 무엇을 입든 별로 신경 쓰지 않지만, 여성은 상품을 보는 눈이 까다롭다. 뭐니 뭐니 해도 돈주머니의 끈을 바짝 틀어쥐고 있는 것은 여성이고 직장 여성이 다수를 차지한다. **우리 여성으로 하여금 지갑을 열게 하는 상품을 취급하고 있는 기업의 주식은 주가가 상승하리라고 기대할 수 있다.**

평소에 그다지 쇼핑을 즐기지 않는 사람은 텔레비전의 오락 프로그램에서 정보를 얻는 방법이 있다. 텔레비전의 영향력은 막강하다. 이를테면 재미있는 라면 광고를 보거나 맛있게 라면을 먹는 장면을 보면 그 라면을 한번쯤은 사 먹게 되며, 그것만으로 굉장한 히트 상품이 된다. 그리고 연예인이 입고 나온 옷, 드라마 속 주인공이 사용하는 휴대전화가 붐을 이룰 만큼 히트 상품이 되는 경우는 허다하다. 그러므로 그런 상품을 유심히 관찰하는 것 역시 주식 투자 성공의 비결이다.

그림 39. 시대의 변화와 히트 상품

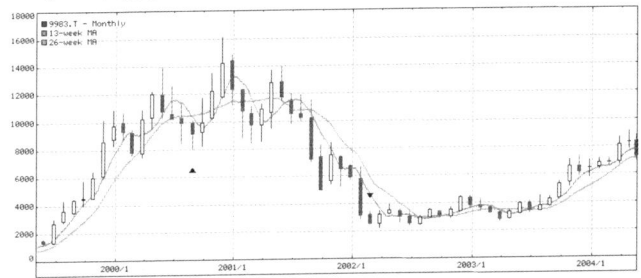
패스트리테일링(과거 5년 간의 주가 흐름)

3년 전에 산 패스트리테일링의 주식을 아직 팔지 못하고 있어.

잘 팔리는 유행상품은 언제나 달라져.

돈이 벌릴 것 같은 종목은 일상생활에서 찾자.

오락 프로그램에서 유행상품, 인기 상품을 알 수 있어.

5
저가주, 고가주, 유행 종목을 찾아내자

특별히 따로 정의는 없지만, 주식에는 주가 수준이 높은 **고가주**라는 것이 있는데 일반적으로는 **우량 기업**이나 실적이 좋은 기업의 주식이다.

예를 들어 일본의 상장 기업 가운데 소프트뱅크라는 기업의 이름은 어딘가에서 들은 적이 있을 것이다. 소프트뱅크는 고가주로, 2003년 여름 1주당 2만 원을 넘어서더니 가을에는 5만 원 안팎으로, 겨울에는 8만 원에 이를 정도로 급상승했다.

만약 2만 원일 때 사서 8만 원 가까이에서 판 사람이 있다면 상당히 큰 돈을 벌었을 것이다. 그후 2003년 말 갑자기 3만 원 부근까지 떨어졌으나, 해가 바뀌면서 다시 올라가기 시작하여 예전의 눈부신 상승세를 재현했다. 소프트뱅크만이 아니라 **하이테크 관련주 전체**가 비슷한 움직임을 자주 보인다. 그러므로 이런 유행을 재빨리 읽

> *** 고가주**
> 단순히 얼마 이상이면 고가주라는 정의는 없으나 주가 수준이 비교적 높은 주식을 말한다. 다만 일반적으로 시장 평균 주가보다 높으면 고가주, 낮으면 저가주라고 한다. 고가주에는 보통 실적이나 업종 내용이 좋은 종목이 많으며, 고가 우량주라고도 한다.
>
> *** 우량 기업**
> 환경 변화에 적절하게 대응하며 새로운 사업 기회를 지속함으로써 성장과 발전을 계속하는 기업으로 정의될 수 있다.

그림 40. 고가주와 하이테크 관련주

주가 수준이 높은 주식을 고가주라고 불러요. 대부분 우량 기업이나 실적이 좋은 기업의 주식인 것이 특징이죠.

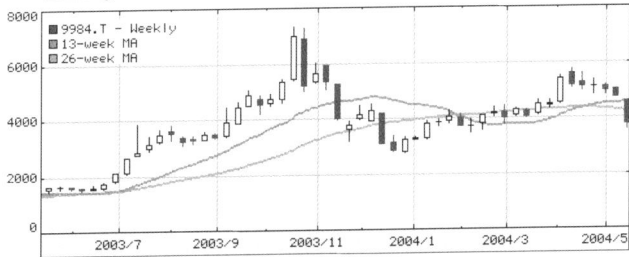

소프트뱅크 같은 회사의 주식은 하이테크 고가주라고 해요.

* 하이테크 관련주

고도 기술 혹은 첨단 기술에 연관된 기업의 주식. 기술의 단계는 연구 및 개발에서 장래의 응용까지를 포함하여 그 폭이 넓다. 하이테크 기업의 대표 주자는 컴퓨터·통신·반도체 등의 전자공학 분야, 인공 종자·인터페론 등의 생명공학 분야, 세라믹스·탄소 섬유 등의 신소재 분야 등의 기업이다. 이 기업들 중에는 수익성과 성장성이 유망한 것이 많아 주식 시장에서 인기가 높다. 우리 나라의 경우, 첨단 산업은 전자공학·항공·신소재·정밀 화학·생명공학 분야 등으로 구분되며 정부의 적극적인 지원·육성을 받고 있다.

* 저가주

일정한 기준은 없으나 주가 수준이 낮다고 인식되는 주식으로 현재는 대체로 2만 원 미만의 주식이 이에 해당한다. 일반적으로 영업 실적이 부진한 회사의 주식이 이에 해당되며, 업종별로는 무역·건설·시중 은행 등이 이에 속한다. 저가주는 적은 돈으로 많은 주식을 살 수 있는 데다 주가 움직임이 활발하기 때문에 일반 투자자들이 선호하는 경향이 있다.

고 유행에 편승하여 몇 개 회사의 하이테크 관련주를 사고팔면 좋다.

유행을 읽는 하나의 수단으로서 각 증권회사나 인터넷 사이트에서 쉽게 얻을 수 있는 정보가 있다. 앞에서 설명했지만 관심 종목은 그 시기의 주목할 만한 종목이므로 동일한 업종의 종목을 몇 개쯤 선택해 같은 움직임이 있느냐 없느냐를 보면 유행 여부를 어느 정도 짐작할 수 있다.

또한 주가에 주목하여 **저가주**만 찾아보는 것 또한 재미있는데, 저가주만 바람직한 움직임을 보이는 시기와 만날 때가 있다. 저가주는 말 그대로 가격이 싸므로 손을 대기 쉽고 많이 살 수 있다. 1만 원짜리 주식을 1,000주 산 사람은 주가가 10원 오른 다음에 팔면 1만 원의 이익이 남지만, 1,000원짜리 3,000주 샀는데 10원이 오른다면 그 3배인 3만 원의 이익을 남기게 된다. 저가주라고 차익의 액수까지 낮은 것은 아니다.

내 경우에는 종종 1,000원 정도 하는 주식을 1만 주 사서 100원 오르면 팔기도 한다. 겨우 100원이지만 1만 주나 되므로 약 100만 원을

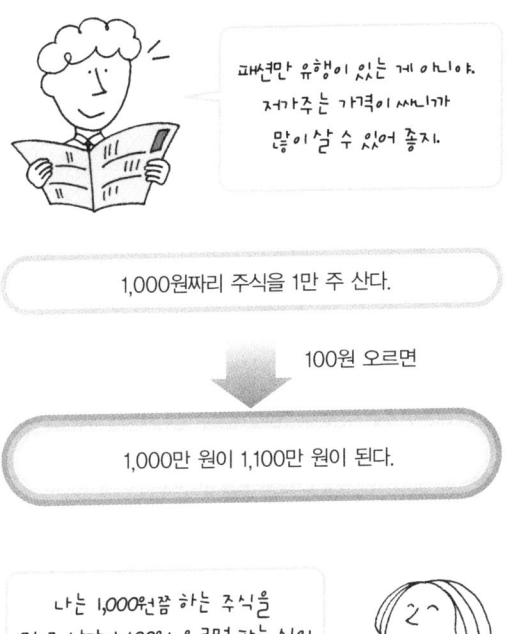

그림 41. 이익은 작지 않은 저가주

벌게 된다. 저가주가 유행하는 시기는 1~3일 사이에 100원 정도는 의외로 순조롭게 오른다. 같은 **저가주를 몇 개 회사 찾아내 사고팔면 짧은 시간에 수십만 원은 확실하게 번다. 단 물러날 때가 중요하다. 유행은 금방 수그러들고 다음 유행으로 옮겨 가는 법이다.**

우선 목표로 세운 한 달에 10% 이익을 달성했다면 잠깐 한숨을 돌리는 게 어떨까?

애널리스트의 한마디

주식을 부르는 여러 이름을 알아 두자

 주식과 관련된 기사나 증권회사의 보고서를 보다 보면 주식을 분류해서 부르는 이름이 많다는 사실을 알 수 있습니다. 그 이름들은 편의상 나누어 붙인 것일 뿐 명확한 기준이 정해진 것은 아닙니다. 하지만 그 이름들이 어떤 뜻인지를 알고 있으면 주식 투자에 도움이 되고 뉴스나 신문을 볼 때 유용하겠죠.

• 고가주 / 저가주

이름을 보아도 주가가 높고 낮음에 따라 나누어 붙인 것을 알 수 있을 겁니다. 앞에서 저자가 상세하게 설명했으니 그것을 참고하면 됩니다.

• 대형주 / 중형주 / 소형주

대형주는 일반적으로 대기업이 발행한 주식을 말합니다. 자본금이 750억 원 이상인 종목을 대형주로 분류하며 발행 주식 수가 많으므로 시장에서 유통되는 주식 수가 많은 게 특징입니다. 이에 반해 소형주는 자본금이 350억 원 미만인 회사가 발행한 주식이고, 중형주는 자본금이 350억~750억 원 사이에 있는 기업의 주식이죠. 이 기준은 법적으로 정해져 있는 것이 아니라 종목 분류의 편의상 증권선물거래소에서 만든 기준입니다. 주식 시장의 흐름에 따라서 때로는 대형주가, 때로는 중형주와 소형주가 뚜렷하게 강세를 나타내는 경우가 많아 시장 흐름을 분석할 때 아주 유익합니다.

• 수출 관련주 / 내수 관련주

수출 비중이 높은 기업의 주식을 일반적으로 수출 관련주라고 하며, 정보 기술주(IT주)와 자동차주가 대표적인 수출 관련주입니다. 수출 중심으로 되어 있는 우리나라 경제를 감안해 이를 경기 관련주라고 부르기도 합니다. 수출이 잘되고 있다는 소식을 접했을 때 자연스럽게 이들 종목이 떠오른다면 성공하는 투자자가 될 가능성이 크다고 할 수 있겠죠. 반면에 내수 관련주는 주요 생산 제품을 수출하지 않고 국내에서 판매하는 기업의 주식을 말합니다. 소비업종과 설비 투자 관련 기계업종, 도시 개발 관련주, 건설주, 그리고 금융주를 큰 틀에서 내수 관련주라고 합니다. 정부가 경기 부양책을 쓴다고 하면 내수 관련주가 꿈틀거리죠.

- 테마주

테마주란 어떤 사건이나 사회적 현상이 발생해 주식 시장에 영향을 미쳐 주가가 움직이는 종목들을 가리킵니다. 예를 들어 최근 세계적 관심을 불러일으킨 황우석 박사의 연구 결과가 발표되자 줄기세포 관련 업종의 종목까지 관심의 대상이 되었는데, 이 경우 줄기세포 테마주라고 부릅니다. 이처럼 테마주는 정치적·사회적·경제적·문화적 이슈는 말할 것 없고 선거나 유행 등 다양한 현상의 영향으로 등장하죠. 테마주는 보통 고가를 기록한 뒤 원래의 주가로 돌아가는 경우가 많으므로, 이를 잘 이용하면 당연히 괜찮은 이익을 볼 수 있습니다. 그러니 주식 투자에서 성공하려면 경제뿐 아니라 일상의 모든 분야에 관심을 갖는 것이 중요하겠죠.

돈이 되는 종목과 같은 업종, 관련 업종의 종목을 찾는다

나는 주가가 순조롭게 오르고 있는 종목을 '맛있는 종목'이라고 부른다. 이익을 챙길 수 있는 '맛있는 종목'은 유행 종목에 포함되는 경우가 많지만, 좋은 제품을 다루고 있거나 실적이 뛰어난 회사의 주식은 유행에 좌우되는 일 없이 주가가 양호하다.

어떤 의미에서 **맛있는 종목=관심 종목**이기도 하다. 관심 종목은 많은 투자자가 주목하고 있으므로 막상 사려고 하면 벌써 상당히 주가가 오른 뒤다. 그러므로 **나는 앞으로 조금 더 오를 것이 기대되는 관심 종목과 같은 업종의 다른 종목을 찾아내 거래한다.** 그리고 그것들과 관련 있는 업종의 종목에 눈을 돌린다.

난방 기구 전문 기업의 주식이 호조를 띠는 시기에는 전기 제품 생산 기업이나 가스 기구 관련 기업의 종목을 확인한다. 그 김에 한 걸음 더 파고들어 '난방 기구 외에 거기에 사용되는 연료를 취급하는 회사는 어떨까?' 하고 생각할 수 있다면 당신이 주식 투자에서 성공할 가능성은 한층 커진다.

어지간한 사람이 아니고는 아는 사람이 드문 S사가 있다. 이 회

그림 42. 관심 종목과 관련 있는 종목 체크

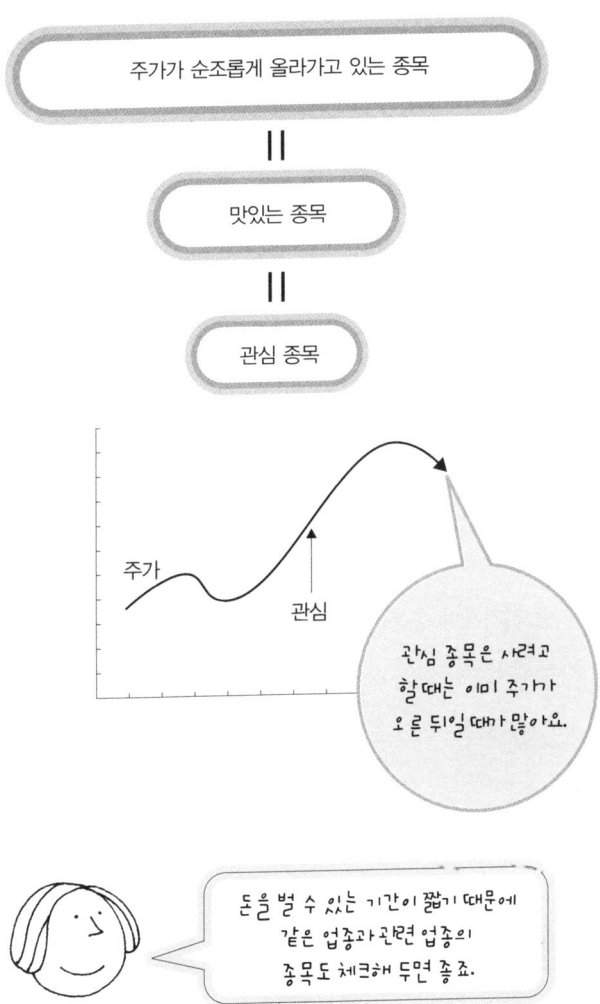

종목 선택의 법칙 10가지

사는 원래 석유와 LP 가스를 취급하는 곳인데, 항균제의 용도 개척에 성공하여 높은 평가를 받고 있는 데 비해 주가는 비교적 낮다.

주식 투자를 시작하고 나서 돈을 버는 기쁨을 맛본 게 멋진 일임은 두말할 나위 없지만, 집에 있어도 다양한 회사나 상품과 만날 수 있고 그것들이 친근하게 느껴져 매일의 생활이 아주 재미있다.

나는 주식 거래를 쉴 때는 어떤 회사에서 어떤 일을 하는지 뒤져 보는 게 취미다. 그러다가 대체 항균제가 무엇인지 알고 싶어졌다. 인터넷을 이용해 조사해 보니 나도 항균제를 사용한 도마를 갖고 있었고 대형 완구점에서는 항균제로 코팅한 유아용 완구를 팔고 있었다.

나 같은 주부에게 가장 친근한 부엌용품을 비롯해 냉장고나 전자레인지 등 전자 제품과 볼펜이나 파일 등 문구로부터 흰옷이나 커튼에 이르기까지 항균제는 폭넓게 사용되고 있었다. 앞으로 화장품이나 식품 첨가제에 응용하는 방법을 연구 중이라고 한다.

아직 발전 가능성이 많은 만큼 주가도 쑥쑥 발전하기를 빈다.

그림 43. 주식과 연상 게임

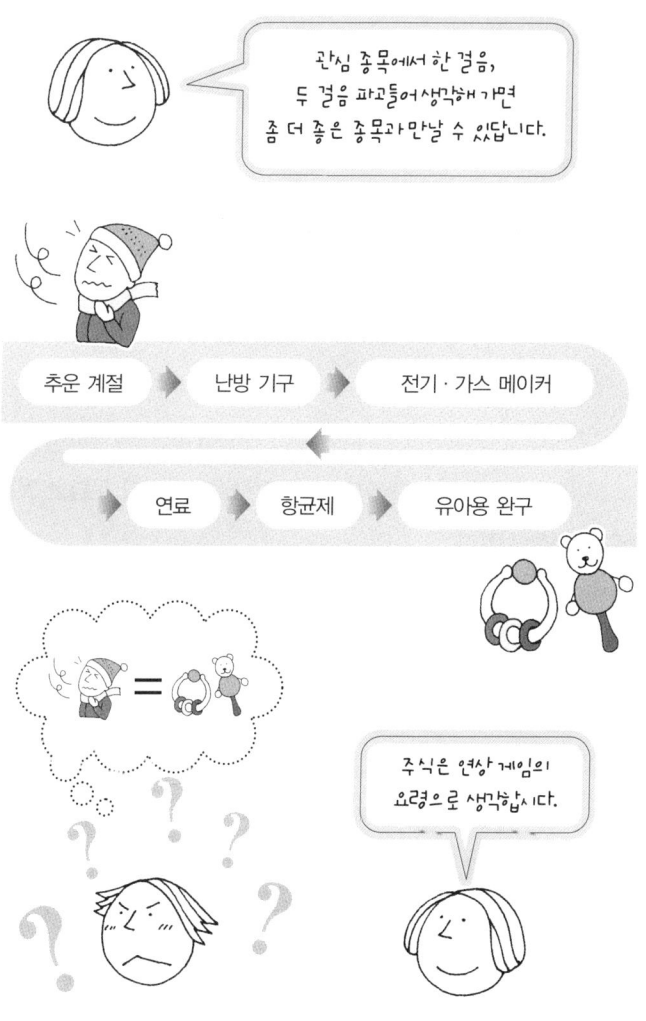

어느 정도 오르내림이 있는 차트가 좋다

7

　제2장의 9에서 추세선에 대해 설명했는데, 추세선이 아름다운 차트를 발견하면 그것은 곧 돈을 벌 찬스다. 추세선이 아름다운 차트란 대체 어떤 것일까? 주가의 오르내림이 분명한 차트다. 또 어느 정도의 기간 동안 주가가 오르다가(또는 내리다가) 어느 정도의 기간 동안 내려가는(또는 오르는) 식으로 **오르내림의 주기가 분명한 것은 정말 훌륭한 차트다.**

　상승 추세라는 둥 하락 추세라는 둥 하며 추세에 늘 신경 쓰는 사람이 많다. 그러나 사실 **주가 흐름에 탄력이 있으면 그다지 추세를 타지 않아도 상관없다.**

　오른쪽에 예로 든 사쿠라다라는 회사의 차트가 그렇다. '어, 그런 기업은 모르는데' 라며 고개를 갸웃거리는 사람이 대부분일 것이다. 나 역시 이 회사를 안 지 얼마 안 된다. 기껏해야 교량·철골 구조물 전문의 오래된 기업이라는 정도의 지식밖에 없었다. 게다가 이 회사는 여러 해 전부터 배당은커녕 인원 감축마저 실시하는 등 실적이 의심스러운 상황이었다.

그림 44. 훌륭한 차트의 예

사쿠라다

2004년 3월경부터 급상승

봉이 길다는 것은 1일 주가 변동이 크다는 의미죠. 즉 하루에도 주가의 변화가 심하다는 것으로, 하루 안에 이익을 낼 수 있는 찬스입니다.

그런데 이 회사의 차트를 보면 2004년 3월 무렵부터 주가가 급상승했다. 정말 근사한 상승 차트다. 게다가 길고 하얀 봉들이 드문드문 보이는데, 이는 1일 주가 변동의 폭이 매우 크다는 사실을 뜻한다.

나는 운 좋게 이 하얗고 긴 봉을 타고 시장가로 샀음에도 불구하고 하루에 1,000만 원 가까운 이익을 챙겼다. 좀 더 자세히 말하자면 나는 주식 거래에 사용하는 시간이 하루에 40분밖에 되지 않으므로 40분 만에 거액의 돈을 번 셈이다. 이런 차트야말로 주가 변동폭이 크고 힘 있는 차트라고 할 수 있다.

그럼 이렇게 큰 차익을 안겨 준 종목을 어떻게 찾았는지 가르쳐 주겠다. 나는 밤에 아이가 잠든 후 틈이 나면 주식에 관한 정보를 조사한다. 벌써 몇 년째 일과 공부로부터 멀어져 있는 나에게는 어려운 분석은 아무래도 고역이다. 그러므로 머리를 쓰지 않고 그저 눈으로 차트 일람을 살펴볼 뿐이다. 본다기보다 차라리 흘려 넘긴다는 편이 정확한 표현일 것이다.

주가 정보 사이트에는 검은 바탕에 빨간색과 파란색의 봉으로 나타낸 차트가 업종별로 정리되어 있다. **업종별로 되어 있기 때문에 어느 업종이 호조인가 하는 것도 파악할 수 있고, 오르내림이 큰 차트도 한눈에 알 수 있다.**

마우스를 클릭하기만 하면 되니 손가락을 움직이는 수고는 조금 필요하지만 생각할 필요가 없으므로 나에게 딱 맞는 조사 방법이다.

그림 45. 주가 정보 사이트의 차트 일람 예

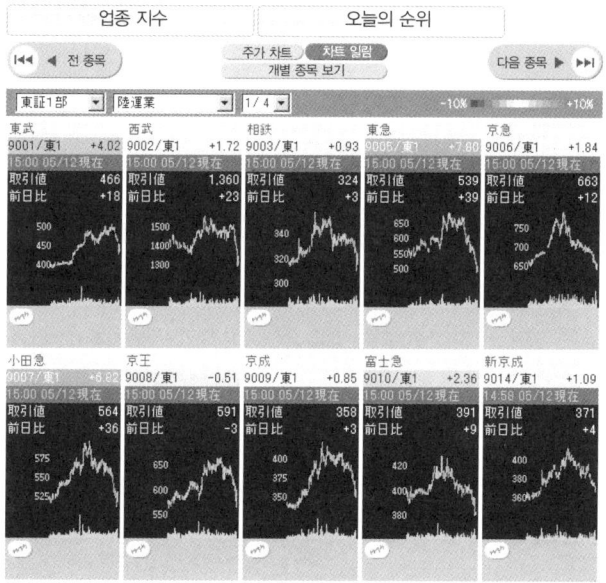

이것은 업종별 경향을 알 수 있어
매우 편리한 정보랍니다.

종목 선택의 법칙 10가지 **147**

결산 후에도 주가를 체크하자

8

제2장에서 주식을 산 회사에 이익이 생기면 주주에게 배당이라는 형태로 이익이 돌아간다는 말을 했다. 그래서 **결산**을 앞둔 연말에 배당을 노리고 주식을 사는 경우가 있다. 그럼 몇 개의 종목에 대해 최근의 결산 시 상황을 보기로 하겠다. 먼저 1월에 결산을 하는 기업 중 니혼토이자라스와 모로조후의 차트를 보자.

> **＊ 결산**
> 일정한 기간 내에 일어났던 수입과 지출을 계산하여 재산 상태를 알 수 있도록 서류를 작성하는 일. 기업에서는 회계 연도 말에 계산을 종결하고 장부를 정리하여 재무제표를 작성하는 절차를 말한다.

니혼토이자라스는 텔레비전을 보다 보면 광고가 자주 나오는 일본 최대 완구 소매 체인이다. 백화점의 완구 매장에서 사는 것보다 가격이 저렴하고 상품 종류가 풍부한 반면, 교통편이 좋은 곳보다는 승용차로밖에 갈 수 없는 국도변 등에 위치해 있다. 하지만 언제나 주차장이 꽉 차 있어 곤란할 만큼 인기 높은 완구점이다. 모로조후는 초콜릿과 양과자를 만드는 유서 깊은 회사로 유명하다. 어느 백화점에나 반드시 있다고 해도 과언이 아닐 정도다.

그림 46의 차트를 비교해 보면 전체적인 차트의 형태는 다르지만

결산기 한 달 전까지 약세를 보이던 주가가 결산일이 다가오면서 상승세로 돌아섰다가 결산 이후 하락하는 공통점이 있다.

그리고 약간 차이가 있긴 하나 1월에 결산을 하는 다른 기업들의 경우에도 거의 들어맞는다. 그러나 도큐백화점의 차트를 보면 오히려 1월 이후 어떤 계기로 인해 주가가 급상승하고 있다. 이것은 결산의 결과가 영향을 미치고 있는 것으로 판단된다.

또 하나 흥미로운 것이 있다. 주가 차트의 아래에 **거래량**을 표시하는 막대그래프를 보자. 결산 후 거래량이 많아지고 있음을 알 수 있다. 다시 말해 결산 전이나 결산기보다 결산 후에 거래가 활발하게 이루어졌다는 사실을 보여 준다.

> * 거래량
> 주식 시장에서 매매가 성립된 주식의 수량. 거래량과 주가는 밀접한 관계가 있어 주가를 예측하는 참고 지표이므로 주의 깊게 살펴볼 필요가 있다.

매매가 많아져 거래량이 증가하면 자연히 주가의 변동이 커지므로 단기 승부로 돈을 버는 데 이 시기가 가장 적당하다.

우선 **결산 전에 주가를 확인하고 저가라면 사두었다가 결산 시까지 갖고 있는다. 그리고 그후 일단 주가가 내린 시점에서 다시 한 번 사들인 뒤 단기간에 팔아 치우는 것이다.** 그림 46에서 예로 든 도큐백화점 같은 차트라면 결산 후 적어도 두 번은 사고팔 수 있다. 배당, 거래에서의 차익……. 이익이 수북하다.

그림 46. 결산 전·후의 주가 차트

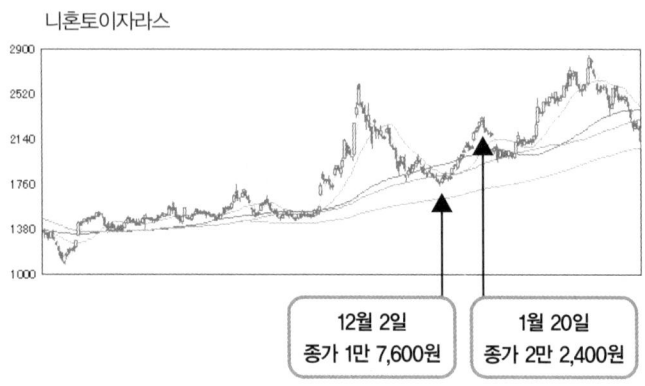

니혼토이자라스

12월 2일 종가 1만 7,600원
1월 20일 종가 2만 2,400원

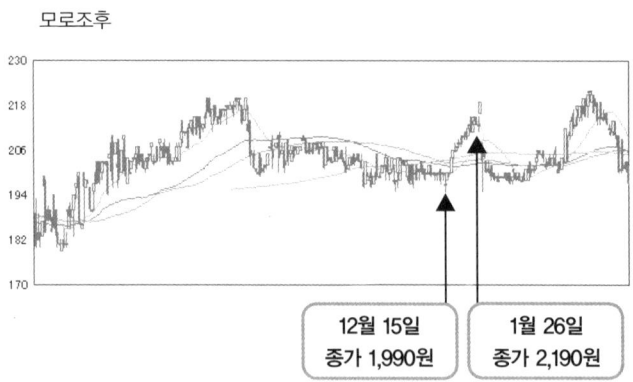

모로조후

12월 15일 종가 1,990원
1월 26일 종가 2,190원

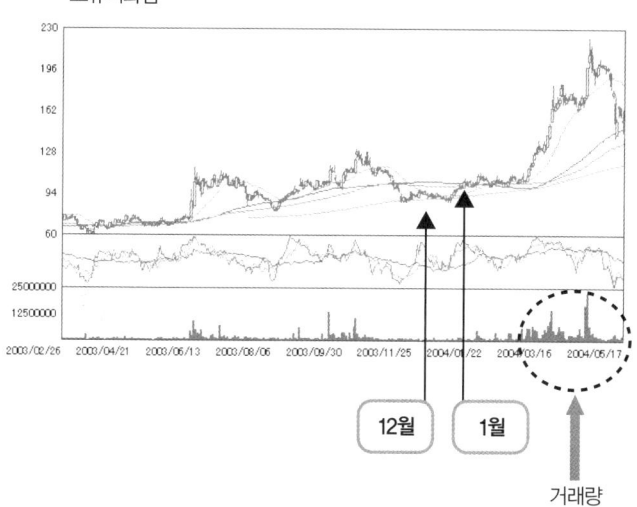

도큐백화점

12월 1월 거래량

결산 전뿐 아니라 결산 후도
체크하는 것이 중요하죠.

거래량이 많다는 것은 그만큼
매매가 활발하다는 것을 의미합니다.
이럴때는 단기 매매를 되풀이해서
이익을 챙길 찬스예요.

애널리스트의 한마디

주식으로 돈을 버는 데에는 배당도 있다

주식 투자에서 돈을 버는 방법은 당연히 주식을 사고팔아 차익을 남기는 것입니다. 하지만 안정적인 기업의 주식을 사서 갖고만 있어도 돈을 버는 방법이 있죠. 그것이 바로 배당이라는 것입니다. 배당은 쉽게 말해 '내가 주식을 산 기업이 1년 동안 장사를 잘해 많은 이익이 남으면 주주인 나에게 그 이익금을 나누어 주는 것'입니다. 마치 은행에서 이자를 받을 때 같은 기분이죠. 배당은 일반적으로 현금으로 주는 경우가 많은데 이것은 현금 배당이라고 하며, 더러 주식으로 대신하는 경우가 있는데 이것은 주식 배당이라고 합니다.

우리 나라에는 없지만 일본에는 '주주 우대 제도'라는 것이 있다고 합니다. 이 주주 우대 제도란 배당금과 주가 차익 외 주주에게 선물을 주는 것인데, 쌀·장난감 세트·음악회 초대권에서부터 심지어 요리 강습권이나 결혼식장 할인권에 이르기까지 매우 다양합니다. 그래서 일본의 개인 투자자들이 주식을 살 때 따져 보는 조건의 하나가 주주 우대 제도를 도입한 기업인지 아닌지와 어떤 선물을 주는 기업인지 하는 것이죠.

전에는 배당을 노리고 연말에 주식을 산 다음 배당을 받은 뒤 팔아 치우는 투자자가 많았으나, 최근에는 은행의 금리가 워낙 낮아져 아예 배당금을 바라보고 주식을 사서 보유하는 투자자가 증가하고 있습니다. 기업은 보통 12월에 결산을 하며 이 경우에는 12월 30일이 기준일로, 결산일 2일 전에는 주식을 보유하고 있어야 하므로 12월 28일까지 주식을 사면 배당을 받을 권리를 갖게 되죠. 그러고 나면 주주 총회를 거쳐 4월까지는 세금을 공제한 현금이 계좌로 입금되는 것입니다. 신문에 실리는 시세표 읽는 법은 뒤에서 설명하겠지만, 시세표를 유심히 보면 배당락이라는 게 있습니다. 이 배당락은 배당 기준일이 지나서 배당받을 권리가 없어진 것을 가리킵니다.

일반적으로 1년에 한 번 하는 배당을 두 번으로 나누어 하는 것을 중간 배당이라고 하며, 12월 결산 기업일 경우 6월 30일이 중간 배당 기준일이므로 6월 28일까지 보유하고 있어야 하겠죠. 배당을 바라고 주식을 산다면 너무 고가의 주식이니 주가의 변동이 심한 것을 피하며 주가가 꾸준히 상승하는 건실한 기업을 선택하도록 합시다. 이렇게 신중하게 선택해서 산 주식은 주가의 상승으로 돈을 벌고 배당을 받아 돈을 버니 여러모로 도움이 된답니다. 이런 걸 두고 꿩 먹고 알 먹는다고 하는 거겠죠.

환율 변동으로
돈이 되는 종목을 파악하자

뉴스에 빠지지 않고 등장하는 것이 **환율**이다. 환율의 변동이 경제에 미치는 영향이 크기 때문이다. 따라서 국내 **통화**의 가치가 올라가고 내려감으로써 울고 웃는 기업이 생기는 것은 사실이지만, 약간의 변화에는 끄떡없는 기업이 있는 것도 사실이다.

주식 시장에 환율의 영향은 확실히 있다. 몇 년 전 대폭적인 **달러 약세** 바람이 불어오자 주가가 따라서 하락했다. 또한 하이테크 관련주나 **수출 관련주**의 주가가 크게 내려갔던 적이 있다. 아무튼 국내 통화의 가치가 올라가면 돈을 버는 기업의 주식이나 수출입에 관계하지 않는 기업의 **내수 관련주**는

---

* **환율**
국내 통화와 외국 통화의 교환 비율. 증권선물거래소와 같이 특정한 장소에서 정해지는 것이 아니라 은행이나 금융 기관에서 전화나 컴퓨터를 통해 사거나 팔리는 외국 돈의 가격을 제시하여 거래가 이루어지는 환율은 주가처럼 시시각각 달라진다. 예를 들어 1달러당 원화 환율이 1,000원이라고 할 때, 1달러를 사려면 1,000원을 내야 한다는 뜻이다.

* **통화**
거래에서 지급 수단·유통 수단의 기능이 있는 은행권과 정부가 발행하는 지폐, 주화.

* **달러 약세**
달러의 가치가 떨어지는 것. 예를 들어 환율이 1달러당 1,000원에서 900원이 되면 달러의 가치는 내려가고 원화의 가치는 올라간 셈이 되어 달러 약세·원화 강세가 된다. 일반적으로 한 나라의 화폐가 강해지면 수출에 타격을 입게 된다.

* **수출 관련주**
국내 시장보다는 국외 시장, 즉 수출 비중이 큰 영업을 하는 회사의 주식. 자동차, 조선 등이 대표적인 수출 관련주이다.

그림 47. 달러 강세와 달러 약세

달러 강세가 되면 수출 관련주가 이득
달러 약세가 되면 내수 관련주가 이득

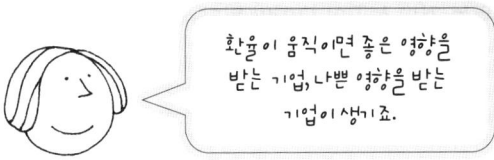

환율이 움직이면 좋은 영향을 받는 기업, 나쁜 영향을 받는 기업이 생기죠.

달러 약세, 즉 국내 통화가치가 올라가면

하이테크 관련주, 수출 관련주의 주가가 하락

부동산업, 건설업, 운수업의 주가가 상승

오름세를 띠었다. 나는 이 시기에 부동산업이나 건설업, 운수업, 전력이나 가스 관련 기업의 주식으로 상당한 차익을 남겼다.

> * **내수 관련주**
> 수출 비중이 적고 주로 국내 시장에 의존하여 영업을 하는 회사의 주식. 건설, 전기, 금융, 유통, 음식료, 제약 업종 등이 대표적인 내수 관련주이다.

환율 변화에 영향을 받는 기업과 영향을 받지 않는 기업을 미리 알아 두는 것도 성공의 요인이 된다. 개인 투자자, 특히 나 같은 주부나 여성은 경제 구조에 어두운 경향이 있으므로 각 업종의 성격을 파악해 두자. 또한 미국 경제의 움직임은 주식 시장에 큰 영향을 미치므로 이 역시 알아 두어야 한다. 나처럼 슈퍼마켓과 공원과 집만 오가며 하루가 끝나는 주부에게는 **환율이라느니 미국 경제의 움직임이라느니 하는 말들은 무척 낯설게 느껴지지만, 상식적인 것은 익혀 두어야 한다.** 이를테면 '왜 **달러 강세**, 달러 약세가 될까?' 등에 대해 이해해 두도록 하자.

> * **달러 강세**
> 달러의 가치가 높아지는 것. 예를 들어 환율이 1달러당 1,000원에서 1,200원이 되면 1달러를 사기 위해서는 200원을 더 내야 하므로 달러의 가치는 올라가고 원화의 가치는 내려가는 셈이 되어 달러 강세 · 원화 약세가 된다.
>
> * **글로벌 경영**
> 경제 활동에서 국경의 개념이 중요성을 상실해 가면서 경제 활동의 무대를 특정 국가에 제한하지 않고 세계 시장을 대상으로 하는 경영 체제.

달러 약세로 이익을 얻는 기업은 수입에 관계하고 있는 기업이다. 반대로 달러 강세로 이익을 얻는 기업은 수출 산업, **글로벌 경영** 체제를 갖춘 기업이다. 그리고 이 두 요소를 가진 업종이 있는데 철강업이나 수출입 거래를 하고 있는 종합 상사가 그렇다. 조금 어려운 이야기이긴 하나 한 걸음 앞선 투자자가 되기 위한 공부라고 생각하자.

그림 48. 환율과 미국 경제의 움직임

애널리스트의 한마디

환율의 변화에 민감해지자

앞의 설명으로 달러 강세 또는 엔화 강세 따위가 무슨 뜻인지, 주식 투자를 하는데 왜 환율의 변화를 알아 두어야 하는지를 이해했을 거라고 생각합니다. 굳이 어려운 말로 설명하지 않더라도 우리가 살고 있는 이 지구상의 모든 나라는 서로 영향을 주고 영향을 받으며 살고 있다는 건 누구나 알고 있는 두말할 나위 없는 사실이죠. 그러니 세계 경제에 막강한 영향력을 미치는 미국의 달러, 일본의 엔, 유럽의 유로, 급부상하고 있는 중국의 위안의 변화에 우리 나라 경제와 주식 시장은 민감할 수밖에 없습니다. 여기에서는 일단 달러의 변화에 영향을 받는 주식, 엔의 변화에 영향을 받는 주식에 대해 알아보도록 합시다.

• 달러와 관계 있는 주식

한마디로 말해 수출 관련주 대부분은 달러의 움직임에 영향을 받습니다. 달러가 강세를 띠고 원화가 약세를 보일 경우(다시 말해 우리 나라의 물건이 쌀 경우), 수출이 잘되고 관련 기업들의 실적은 크게 좋아집니다. 따라서 주가가 오르게 되죠. 그러나 반대로 달러가 약세를 보이고 원화는 강세를 띨 경우(다시 말해 우리 나라의 물건이 비쌀 경우), 수출이 줄어들어 당연히 실적이 나빠지며 실적이 악화되니 당연히 주가가 떨어집니다. 또 수출 관련주가 아니더라도 해외에서 달러를 빌려서 쓰고 있는 기업들은 영향을 받죠. 달러 기준 해외 부채가 많은 기업은 달러가 강세(원화가 약세)일 때 갚아야 할 돈이 늘어나기 때문에 부담이 커지므로 주가에 좋지 않은 영향을 미칩니다. 반면에 달러가 약세(원화가 강세)면 갚아야 할 돈이 줄어들어 이익이고, 이에 따라 주가에 좋은 영향을 미칩니다.

- 엔과 관계 있는 주식

우리 나라의 거의 모든 기업은 해외 시장에서 일본 기업과 치열한 경쟁을 하고 있기 때문에 일본의 엔화가 강세를 보이면 수출 관련주가 상대적으로 유리합니다. 특히 자동차, 철강, 조선, 가전 등의 업종이 큰 이익을 얻으며 이 기업들의 주식을 엔고 수혜주라고 합니다. 엔화가 약세면 그 반대가 되겠죠. 하지만 엔화가 강세를 보일 때 대부분의 경우 달러는 약세이므로 엔화 강세가 반드시 우리 나라 기업의 주가에 긍정적 영향을 준디고 단정짓기는 어려운 면이 있다는 것을 알아 두어야 합니다. 엔화가 강세를 보이면 보통은 원화도 강세를 보이기 때문입니다. 확실하게 말할 수 있는 것은 엔화 부채가 많은 기업은 엔화가 강세를 보이면 손해라는 겁니다.

10 외국인 투자자는 대단하다!

요즘은 '국내 주식 시장에 웬 외국인?' 하고 놀라는 사람이 그리 많지 않을 거라고 생각한다. 하지만 외국인 투자자가 증권거래소(증건선물거래소)의 **위탁 매매** 대금에서 점유하는 비율은 상당히 큰 편이라고 하면 많은 사람이 놀랄 것이다.

외국인 투자자란 유럽과 미국을 중심으로 한 외국의 **기관 투자가**나 개인 투자자를 가리킨다. 이들이 주식 시세에 미치는 영향은 대단히 커서 평균 주가가 이들의 움직임에 의해 오르내리기도 한다.

증권회사나 인터넷 관련 사이트에서 제공하는 주식 정보를 보면 외국인 **순매수·순매도**라는 게 있다. 이 순매수 액이 크면 주가는 대체로 상승 경향을 보인다. **사려고 눈여겨보고**

---

* **위탁 매매**
증권회사가 고객에게서 주문을 받아 하는 주식, 즉 유가증권의 매매.

* **기관 투자가**
주식 시장에서 대규모 자금으로 투자 활동을 하는 주체로서, 일반인이나 법인으로부터 자금을 모아 전문적으로 투자하는 투자자. 투자신탁회사, 은행, 증권회사, 보험회사, 상호저축은행, 국민연금기금 같은 연기금 등이 여기에 속한다.

* **순매수**
개인 투자자 등 특정한 매매 주체가 일정 기간 내에 매도한 주식 금액을 초과하는 매수를 행한 상태.

* **순매도**
개인 투자자 등 특정한 매매 주체가 일정 기간 내에 매수한 주식 금액을 초과하는 매도를 행한 상태.

그림 49. 외국인 투자자의 위력

있는 종목의 정보를 수집하고 있을 때 이 외국인 순매수의 정보를 빠뜨려선 안 된다. 특히 시세의 원동력이 되고 있는 것은 외국인 투자자라는 말을 한다.

나도 대단한 힘과 실력을 갖춘 외국인 투자자에게 지지 않도록 더 열심히 해야겠다.

애널리스트의 한마디

외국인 투자자의 움직임을 지켜보자

지금까지 저자의 설명을 이해하며 읽어 온 독자라면 주식 거래를 하는 투자자에는 개인 투자자, 기관 투자가, 외국인 투자자가 있다는 사실을 알게 되었을 겁니다. 이 세 부류 가운데 외국인 투자자가 우리 나라의 주식 시장에 미치는 영향력은 가히 절대적이라고 해도 과언이 아닐 정도여서 우리 나라 주식 시장에서 외국인 투자자가 차지하는 비중은 무려 42%에 달할 정도죠.

외국인 투자자들은 이를 바탕으로 우리 나라 주식 시장을 쥐락펴락하며 이익을 극대화하는 전략을 취하고 있습니다. 최근 신문의 경제면을 떠들썩하게 장식하고 있는 소버린자산운용은 SK의 주식을 대거 사들여 2년 여 만에 8,000억 원의 차익을 남기기도 했습니다. 외국인 투자자들의 주식을 보는 안목과 투자 전략이 그만큼 뛰어나다고 인정해야겠죠. 이 말은 곧 '외국인 투자자 따라 하기'를 실천하면 투자에 실패할 위험을 어느 정도는 줄일 수 있다는 이야기가 됩니다.

과거의 경험으로 볼 때 외국인 투자자들이 주식을 사들이면 주가가 오르기 시작하다 주식을 팔면 주가가 곤두박질하는 경우가 많습니다. 상승 장세가 나타날 때마다 주요 매수 세력이 외국인 투자자들이었고, 주가가 떨어질 때의 주요 매도 세력 역시 그들이었습니다. 그만큼 외국인 투자자들의 영향력이 막강하다는 뜻이죠.

1999년 7월 지수가 1,000선을 돌파하기 전인 1월부터 5월까지 외국인 투자자들은 500~700대에서 꾸준히 주식을 사들였습니다. 그러다가 주가가 800대를 넘어서던 5월부터 조금씩 팔기 시작해 주가가 1,000선을 돌파 하는 등 900대 이상의 강세를 유지했던 10월 초까지 무려 4조 원이 넘는 주식을 팔아 치웠습니다. 그러자 주가는 다시 추락하고 말았습니다. 외국인 투자자들은 지난 2004년 말부터 올해 2월 말까지 2조 원이 넘는 주식을 순매수하다가 2월 28일 주가가 1,000대를 돌파하자 팔기 시작해 불과 두 달 만에 2조 원이 넘는 주식을 매도하면서 주가를 끌어내렸습니다. 외국인 투자자들이 주식을 살 때 팔고 외국인 투자자들이 주식을 팔 때 사는 '거꾸로 투자'를 했던 많은 개인 투자자는 큰 손실을 입을 수밖에 없었죠.

그러나 최근 다행히 외국인 투자자들의 투자 패턴에 변화가 보이고 있습니다. 과거 저점에서 꾸준히 사들이다가 1,000선에 접근하거나 돌파하면 은근슬쩍 팔아 버리던 자세에서 벗어나 지속적으로 주식을 사고 있기 때문입니다. 외국인 투자자들이 우리 나라 주식 시장을 좋게 보고 있다는 긍정적인 이야기가 꽤 나오고 있는데, 최근 외국인 투자자들이 사는 종목의 주가가 강하게 오르고 있는 것은 이를 반영하는 것이죠. 주식 투자에 성공하기 위해서는 외국인 투자자들을 따라 투자하는 것도 훌륭한 전략 가운데 하나라고 할 수 있습니다.

4 이것들을 지키면 성공한다! 주식 매매 법칙 10가지

1 사도 좋은 주식, 사지 않는 편이 나은 주식 |166|
   • 애널리스트의 한마디 | 하루 중 주식 거래가 가능한 시간은 이때다 |170|

2 바닥에 사고 천장에 팔 생각은 하지 마라 |172|
   • 애널리스트의 한마디 | 골이 깊은 종목보다 중턱에서 숨을 고르고 있는 종목을 찾자 |176|

3 상승 추세에서는 여러 번 사고 팔도록 한다 |178|

4 맛있는 종목은 뼛속까지 물고 늘어져라 |182|

5 때로는 물타기와 손절매가 필요하다 |186|

6 호가 정보를 제대로 활용하자 |190|
   • 애널리스트의 한마디 | 주식 정보가 가득한 사이트들을 활용하자 |194|

7 단층집이 최고, 이층집은 조심하자 | 196 |

8 주식 거래에서도 절약 정신을 잊지 말자 | 200 |
　• 애널리스트의 한마디 | 신문의 주식 시세표는 이렇게 읽는다 | 204 |

9 바쁜 사람에게는 3가지 매매 방법이 있다 | 206 |

10 자동 매매 프로그램을 익히면 주식 인생은 장밋빛 | 210 |
　• 애널리스트의 한마디 | 최근 주식 시장의 흥미로운 변화 | 215 |

사도 좋은 주식, 사지 않는 편이 나은 주식

 종목을 선택했더라도 그 종목의 주식을 사지 않으면 거래가 시작되지 않는다. 종목 선택의 단계에서 돈을 버느냐 벌지 못하느냐는 어디까지나 그림의 떡일 뿐, 매매를 할 수 있어야 비로소 먹을 수 있는 떡이 된다.
 사도 좋은 주식과 차라리 사지 않는 편이 나은 주식에 대한 의견은 사람마다 다르다. 오르는가 하면 내려가고 내려가는가 하면 오르는 것이 주식이고, 내려갔을 때 샀다가 올라갔을 때 팔면 되는 것이어서 특별히 어느 것이 좋다고 정해진 이론은 없다.
 나는 주로 짧은 시간 안에 거래를 끝내는 단기 매매를 하고 있기 때문에 '주가 차트가 과거와 비교해 오르고 있는가 내려가고 있는가? 최근 1주일 간 주가는 어떻게 변화하고 있는가? 어제는 어땠는가?' 하는 것들에 관심을 둔다. 그러므로 주가가 내려간 주식은 무엇이든 사도 좋은 주식이 된다. 그런 관점에서 보면 사지 못할 주식은 그리 많지 않다.
 사도 좋은 주식인가 아닌가를 판단할 때 흔히 기업의 규모나 실적

그림 50. 사도 좋은 주식의 조건

따위를 고려하지만, 나는 그런 것들에 그리 비중을 두지 않는다. **사도 좋은 주식의 또 하나의 조건은 가능한 한 거래량이 많아야 한다는 점이다.** 시기에 따라서는 거래량이 지나치게 적어 사도 좋은 주식이 사지 말아야 할 주식으로 바뀌는 경우가 있다. 거래량이 적다는 사실은 자신이 사고 싶어도 팔려는 사람이 적고, 팔고 싶어도 사려는 사람이 적다는 것으로 해석할 수 있으며, 따라서 마음먹은 대로 사고팔기 어렵다는 것을 의미하기 때문이다.

  사지 않는 편이 나은 주식에는 이상 징후 종목이 있다. 내가 말하는 이상 징후 종목이란, 실적 악화 같은 악재가 있는 주식뿐 아니라 주가가 갑자기 떨어졌다가 다시 치솟는 주식이다. 이런 주식은 주의하자. 도산이라는 최악의 결말이 있을 수 있으니 차라리 손을 대지 않는 편이 무난하다. 이미 알고 있겠지만, 주식은 샀을 때보다 높은 값으로 팔아야 이익을 얻을 수 있다. 물론 산 가격과 판 가격의 차이가 크면 클수록 이익은 커진다.

그림 51. 많은 수량을 살 수 있는 종목을 선택

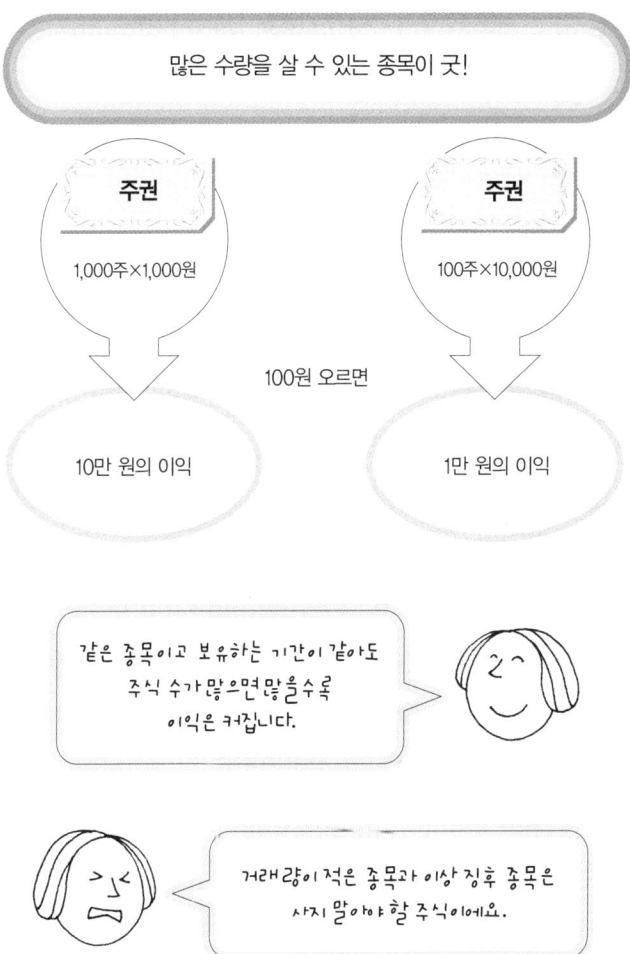

애널리스트의 한마디

하루 중 주식 거래가 가능한 시간은 이때다

우리 나라에서는 이제 주 5일 근무제가 자리를 잡아 가고 있는 듯한 분위기입니다. 증권선물거래소를 통한 주식 거래, 즉 주식 시장 역시 토요일과 일요일·공휴일을 제외한 월요일에서 금요일까지 오전 9시~오후 3시 사이에 열립니다. 전에는 9시~12시는 전장, 오후 1시~3시는 후장으로 구분했는데 현재는 이 구분이 없어졌습니다.

주식 거래는 매매 가능 시간에 따라 접속 매매(정규 시장 매매), 단일가 매매(동시호가), 시간 외 매매, 예약 주문으로 나뉩니다. 접속 매매 방식인 정규 시장 매매는 증권선물거래소가 문을 여는 시간인 오전 9시부터 문을 닫기 전인 오후 2시 50분까지며, 가격·시간 우선 원칙이 적용되죠. 단일가 매매는 하루에 두 차례 오전 8시~9시·오후 2시 50분~3시며, 가격·시간 우선 원칙을 적용하여 하나의 가격으로 매매를 체결시키는 방식입니다. 과거에는 시간 우선 원칙을 배제하고 가격·수량 우선 원칙을 적용했으나 2001년 9월부터 수량 우선 대신 시간 우선 원칙을 도입해 가격·시간 우선 원칙을 적용하고 있습니다. 다만 단일가 매매가 가격제한폭까지 오르거나 내린 상·하한가로 시작할 때에 한해 예외적으로 가격·수량 우선 원칙을 적용합니다.

또 시간 외 매매는 정규 매매 시간을 전후해 주문을 받아 전일 종가 또는 당일 종가로 시간 우선 원칙에 따라 매매를 체결하는 거죠. 따라서 가격을 제시할 필요가 없으며, 오전 7시 30분~8시 30분(전일 종가)과 오후 3시 10분~6시(당일 종가) 두 차례 있습니다. 이 시간 외 매매에서는 최소거래단위인 10주 미만의 단주 매매가 가능하죠. 다만 종목에 따라 제외되는 것이 있으니 반드시 확인을 거쳐야 합니다. 마지막으로 예약 주문은 인터넷을 이용한 거래에서만 가능한데 그 날의 주식 시장이 끝난 오후 4시부터 다음날 오전 7시까지로, 증권회사에 따라 다소 차이가 있습니다.

이와 같이 거래에 사용하는 수단이나 방법을 적절하게 활용하면 거의 하루 종일 매매가 가능하다고 할 수 있겠죠. 이렇게 거래 가능 시간대가 다양하여 주식을 사고 파는 개인의 편의와 사정에 따라 선택적으로 이용할 수 있으니 좀처럼 자신만의 시간을 내기 어려운 주부나 직장인도 얼마든지 주식 투자를 할 수 있습니다. 다시 한 번 간단하게 거래 가능 시간을 정리해 보면 다음과 같습니다.

정규 시장 매매 시간	오전 9시~오후 2시 50분
단일가 매매 시간	오전 8시~9시, 오후 2시 50분~3시
시간 외 매매 시간	오전 7시 30분~8시 30분(전일 종가), 오후 3시 10분~6시(당일 종가)
예약 주문 시간	오후 4시~다음날 오전 7시(홈 트레이딩으로만 가능)

바닥에 사고
천장에 팔 생각은 하지 마라

2

먼저 그림 52를 보자. A양은 ○○건설의 주식을 **바닥**인 1,000원에 1,000주 사고 1개월 후 1,500원에 팔았다. 산 가격과 판 가격의 차액이 이익이 되므로 1주당 500원씩 1,000주로 50만 원을 벌었다. B양은 A양과 같은 종목을 역시 1,000원에 1,000주 사서 2개월 후 **천장**인 3,000원에 팔았다. 따라서 B양의 이익은 200만 원이 되었다.

> *** 바닥**
> 주가가 하락하고 있을 때 시세가 가장 낮은 부분.
>
> *** 천장**
> 주가가 상승하고 있을 때 시세가 가장 높은 부분.

B양과 A양의 이익을 비교하면 4배나 차이가 나므로 여러분은 당연히 B양처럼 비싸게 팔아야겠다고 생각할 것이다.

하지만 이것은 어디까지나 결과론이지, 2개월 후에 이렇게 오르리라고 예상은 할 수 있으나 누구도 장담하지 못한다. 2개월 후에 산 가격보다 내려갈지도 모를 일이다(그림 53). 그러므로 나는 A양처럼 **가능한 한 단기간에 확실하게 이익을 얻는 방법을 권한다.**

그렇다면 어느 정도의 기간이 단기 매매로서 좋으냐 하는 것에 대해 설명하겠다.

그림 52. 단기간에 이익을 확보

A양	○○건설의 주식	1,000원×1,000주 매수(100만 원)
	1개월 후	1,500원×1,000주 매도(150만 원)

50만 원 벌었어요!

B양	○○건설의 주식	1,000원×1,000주 매수(100만 원)
	2개월 후	3,000원×1,000주 매도(300만 원)

음, 나는 200만 원의 차익을 남겼어.

B양은 한 달 더 기다렸기 때문에 A양의 4배나 벌었죠. 하지만 현실은 그렇게 만만하지 않은 법입니다.

단도직입적으로 말해 하루다. 하지만 3일 정도는 괜찮다. 한 가지 더 덧붙이자면, 최소한 1주일 안에 결론을 짓는다는 것이 내가 실천하고 있는 나만의 룰이다. 내가 하루라고 딱 잘라 말해 '엇, 하루라고?' 하며 놀란 사람이 있을 것이다. 꼭 데이 트레이더 같지만, 조금 다르다.

데이 트레이더는 주식 시장이 문을 열고 있는 아침 9시부터 오후 3시까지 계속 컴퓨터 앞에 앉아 샀다가는 팔고, 팔았다가는 사며 릴레이 마라톤처럼 매매를 반복한다. 하지만 나는 주부기 때문에 집안일을 하고, 아이를 돌보고, 장을 보고, 아이를 데리러 유치원에 가고, 이웃집 아줌마들과 차도 마셔야 한다. 줄곧 컴퓨터에 붙어 있을 시간이 없으므로 내가 하루라고 해보아야 아침 9시부터 40분 동안이 고작이다.

겨우 40분 안에 운 좋게 한 종목으로 1,000만 원 가까이 번 적도 있으며 여러 종목의 이익을 합해서 1,500만 원을 기록한 적도 있다. 따라서 나는 40분이라는 짧은 시간을 헛되이 쓰고 하찮게 여길 수 없다. 사실 이렇게 1시간이 안 되는 시간 안에 수십만 원 혹은 수백만 원을 벌 수 있는 기회가 한 달에 한 번 있으면 퍽 운이 좋은 편이다.

주식 투자로 큰 돈을 벌게 될 거라는 기대는 하지 말고 슈퍼마켓이나 백화점에서 파트타이머로 일하여 받는 돈보다 나으면 만족하자. 매우 짧은 시간에 100원이라도 오르면 판다는 이익 확보 최우선이 나의 모토이며, 이 방법으로 주식 투자에서 성공하고 있는 것이 사실이다.

그림 53. 예상과 실제의 차이

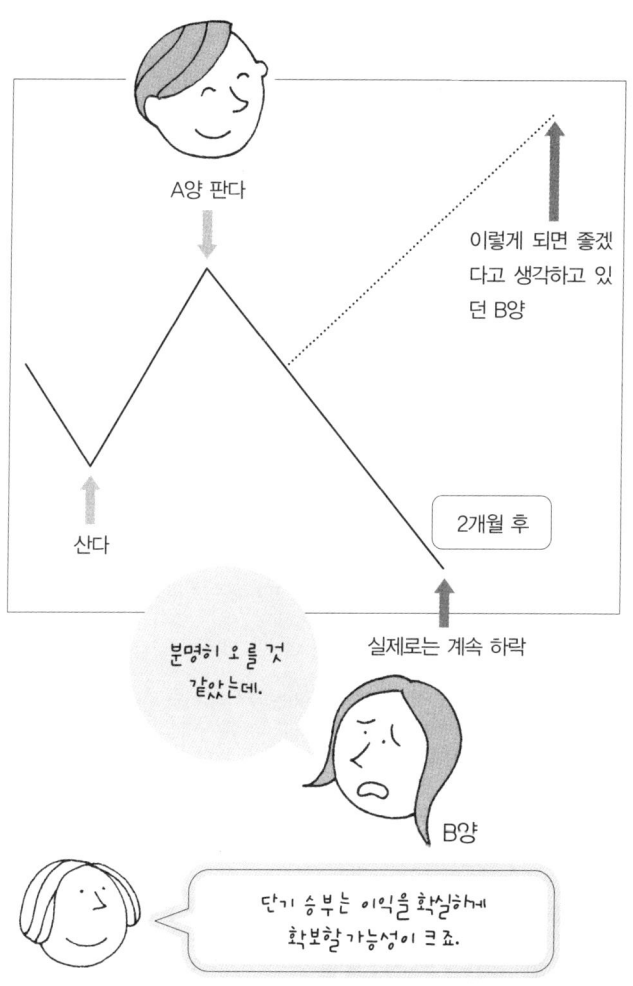

주식 매매 법칙 10가지

애널리스트의 한마디

골이 깊은 종목보다 중턱에서 숨을 고르고 있는 종목을 찾자

주식 투자에서 주식을 사자마자 주가가 오르는 종목은커녕 1주일 안에 주가가 올라 이익을 얻을 종목을 고르기란 아무리 경험이 풍부한 투자자라 해도 여간 어려운 일이 아닙니다. 그게 쉬운 일이라면 주식 투자로 부자가 되지 않는 사람이 없겠죠. 그렇다고 실망할 필요는 없습니다. 사람 사는 세상에 불가능한 일이 없듯 실패하지 않을 종목을 고르는 방법이 있게 마련이니까요.

차트를 이용해 주식 시장의 움직임을 분석하는 기술적 분석에 눌림목이라는 말이 있습니다. 이는 주가가 상승하다 일단 한번 꺾이는 것을 가리키는데, 이를 잘 이용하면 이익을 낼 가능성이 높습니다. 주가의 저점이 높아지면서 상승추세선을 그리는 것은 좋은 뉴스, 즉 호재가 있거나 해당 주식을 파는 사람이 많지 않아 수급 상황이 좋기 때문입니다. 쉬운 말로 표현하면 그 주식을 사서 손해를 보지 않아서 급하게 팔리는 사람이 없다는 겁니다. 반대로 주가가 내려간다는 건 주식을 사서 손해를 보고 있어 급하게 팔리는 주식이 나와 주가가 상승하려 할 때마다 걸림돌이 되고 있다는 말이죠. 결국 주가가 올라가기 위해서는 그 주식을 갖고 있는 사람 중 손해를 본 사람보다 이익을 본 사람이 많아야 한다는 이야기가 됩니다.

산을 오를 때 완만한 내리막길이 다시 올라가는 데 필요한 힘을 빼앗지 않는 것과 같습니다. 골이 낮을수록 또다시 오를 수 있는 힘의 여력이 생기는 거죠. 잠시 동안 숨을 고르면서 힘을 축적하면 크게 뛰어오를 수 있기 때문입니다. 내리막길이 길고 가파를수록 오르막길을 만났을 때 올라가기 어려웠던 경험을 떠올리면 이해가 갈 겁니다.

보통 주가가 충분히 조정을 거친 종목이 덜 위험하고 올라갈 가능성이 높다고 하지만 경험적으로 볼 때 이는 오판이라고 할 수 있습니다. 물론 장기적으로 볼 경우 골이 깊으면 그만큼 올라갈 수 있는 힘이 있습니다. 하지만 문제는 시점입니다. 장기적인 관점에서는 옳다 해도 지금 당장 투자를 시작하는 시점이 깊어진 골의 끝인지 시작인지 알 수 없으니까요. 따라서 골이 깊은 종목보다는 약간 숨을 고르고 있는 종목을 찾는 편이 좋습니다.

이를테면 A종목과 B종목 둘 다 1만 원에서 2만 원까지 상승한 후 조정을 받아 A종목은 1만 8,000원이, B종목은 1만 5,000원이 되었다고 합시다. A종목과 B종목의 주가가 다시 오르기 시작해 사야 할 때 대개 사람들은 주가의 조정 폭이 크고 가격이 낮아 유리해 보이는 B종목을 삽니다. 그러나 A종목의 주가가 B종목의 주가보다 크게 오르는 일이 많습니다.

이런 견향은 전체 주식 시장이 호황일 때 더욱 강합니다. 이렇게 조정 폭이 작았다 상승하는 주식은 가격보다는 기간 조정의 성격을 띠며 계단식 상승을 보이는 경우가 많다는 사실을 잊어서는 안 됩니다. 골이 깊어 오르막길이 험난한 종목보다는 산 중턱에서 숨결을 가다듬고 있는 종목이 유리한 법입니다.

상승 추세에서는
여러 번 사고팔도록 한다

3

 제2장에서 설명했던 추세선을 떠올려 보자. **나는 이 추세선을 발견하면 돈을 번 것이나 다름없다고 생각한다.**

 상승 추세에서 그림 54의 ①처럼 저가는 시간이 흐름에 따라 값이 오를 것이므로 저가에서 사고 고가에서 팔면 일단 이익은 확보된다. 게다가 저가 부근에서 사고 그 뒤에 찾아오는 고가에서 팔기를 몇 번 되풀이하는 것이 가능하다.

 그림 54의 ②같이 거시적으로 보아 일직선에 가까운 주가 차트에서도 조금 오르면 팔아 이익을 확보하고 나서 또 사고팔기를 반복할 수 있다. 하지만 직선으로 오르고 있는 차트상에서 그렇게 되풀이하는 데에는 상당한 용기가 필요하다. 또한 주가가 천장이 되기 전에 매매를 끝내지 않으면 커다란 리스크를 안게 되므로 초보자에게는 권할 수 없다.

 그럼 실제로 상승 추세를 발견한 경우에는 어떻게 사고팔아야 할까?

 그림 55의 ①~④는 그림 54의 ①의 차트를 분석한 것이다. ①에

그림 54. 상승 추세와 평행 추세

① 상승 추세

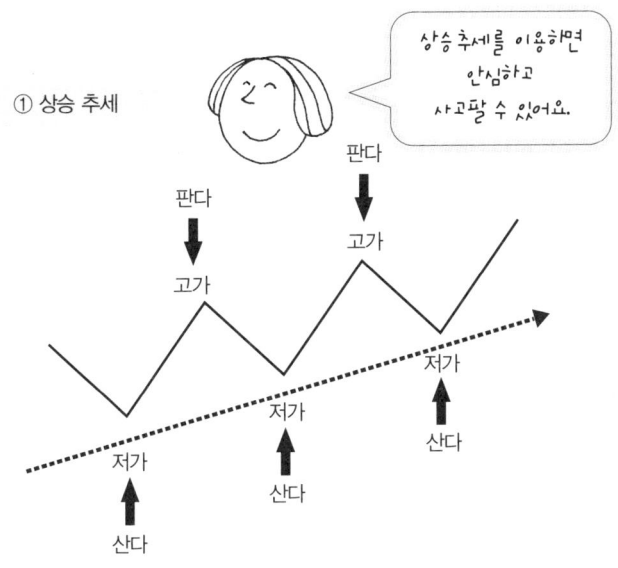

② 일직선으로 상승

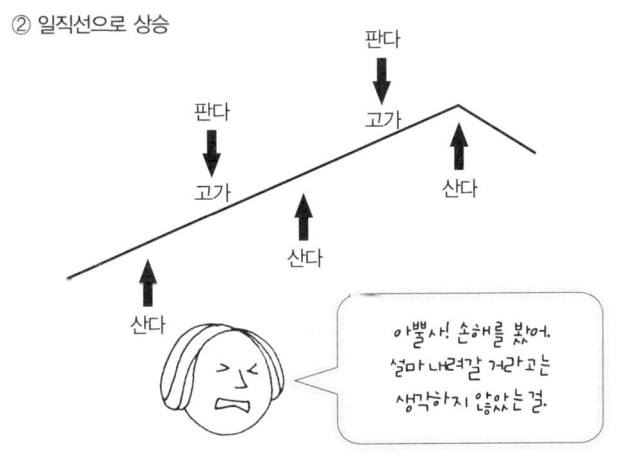

주식 매매 법칙 10가지 179

서는 저가였던 주가가 오르고 있다. 다음의 ②에서는 상승하고 있던 주가가 고가를 기록하고 내려가기 시작하고 있다. ①의 저가에서 사고 ②의 고가에서 팔 수 있다면 물론 이익이 남지만, 차트 중에서 처음으로 오르내리는 부분을 보았다고 망설임 없이 상승 추세라고 단정할 수 있는 사람은 없다. ③에서 내려가던 주가가 저가를 기록하고 나서 다시 상승해 가지만 첫 번째 저가와 새로 만들어진 저가를 선으로 이으면 상승 직선이 된다. 이것이 평행하거나 아래로 기울어 있다면 상승 추세라고 하지 않는다. 즉 상승 추세는 첫 번째 저가보다 두 번째 저가가, 두 번째 저가보다 세 번째 저가가 높아야 한다.

③의 저가 부근에서 주식을 사고 ④의 고가 부근에서 파는 것이 이상적이나, **언제 어느 주가가 고가인가 하는 것은 그날이 지나 보지 않고는 알 수 없다. 조금이라도 이익을 수중에 넣을 정도로 주가가 오르면 판다는 일관된 자세를 잊어서는 안 된다.**

상승 추세라고 평생 그대로 상승하지 않는다. 지난번 고가보다 더 주가가 상승하리라고 생각해 계속 갖고 있다가 예상처럼 오르지 않아 팔 시기를 놓치고 마는 수가 있다. 한번 팔 기회를 놓치고 나면 좀처럼 찬스가 돌아오지 않을 수가 있다. 그래서 '이 주식을 사놓은 지 몇 년이 되었더라?' 하며 오래전에 사놓은 주식의 주가를 오늘도 확인하면서 줄곧 팔지 못하고 있는 사람이 있다.

그림 55. 상승 추세 분석

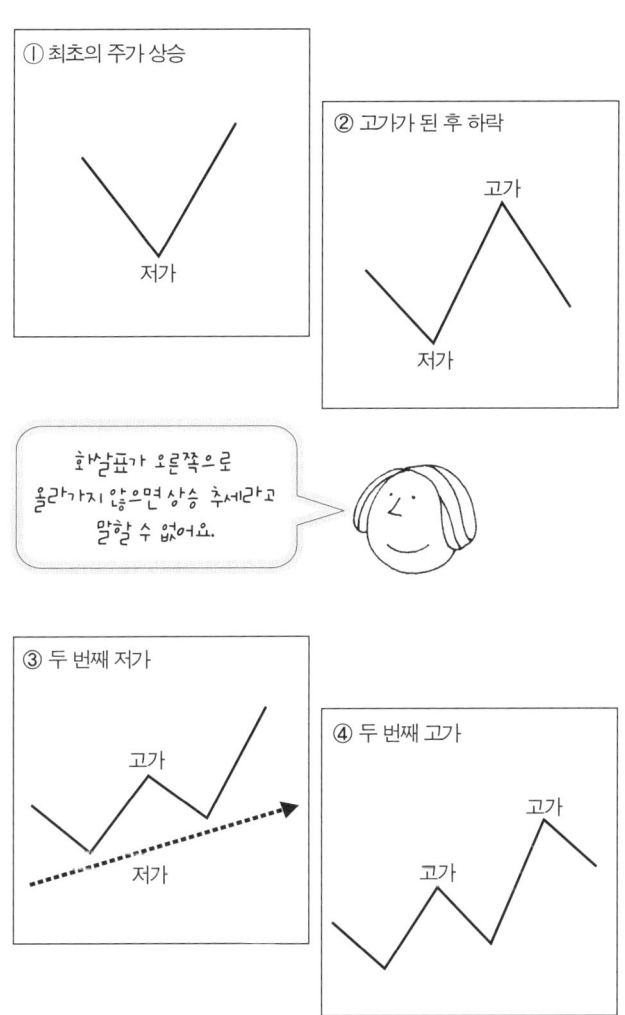

맛있는 종목은
뼛속까지 물고 늘어져라

4

 제3장에서 설명한 컨비니언스 테이블(포트폴리오)을 기억하고 있을 것이다. 이 표는 좋다고 판단되는 종목을 계속 추가해 가기 때문에 해마다 종목 수가 늘어 간다. 하지만 '이 종목은 이제 더 이상 이익을 남길 수 없다'라고 판단하면 표에서 탈락시킨다.
 가능하면 계절에 맞추어 옷을 갈아입듯이 1년에 4번 정도는 대충 훑어보아 종목을 갈아 치우도록 한다. 그런데 컨비니언스 테이블에는 봄과 가을, 두 계절에 입을 수 있는 춘추복 같은 종목이 있는가 하면 사계절 모두 걸쳐 입기에 편한 카디건 같은 종목이 있으므로 표의 내용을 전부 바꾸는 것이 아니라 추가 혹은 삭제하거나 변함없이 남겨 둔다.
 컨비니언스 테이블 속의 종목에는 다른 어느 것보다 마음에 드는 맛있는 종목이 있다. 종합 전자 부품 메이커인 K사나 반도체·액정 제조사인 T사 같은 종목이 그렇다. 나의 거래 명세서에는 1년 동안 이 종목들을 10회 이상 사고판 것으로 기록되어 있다. 그리고 모든 거래에서 돈을 벌고 있다.

이 두 기업의 주식이 주가가 상승 중인 **우량 종목**이어서 마음에 들어하느냐 하면 그렇지 않다. 주식 투자로 돈을 벌려면 주가가 올라가고 있는 주식을 사는 것이 실질적으로나 정신적으로나 유익한 것은 틀림없는 사실이다. 다만 신용 거래를 하고 있는 나에게 있어 상승 중이냐 하락 중이냐는 그다지 크게 관계없다는 뜻이다.

> *** 우량 종목**
> 리스크가 작고 가치가 하락할 가능성이 매우 낮은 종목. 주로 오랜 기간 안정적인 이익 창출과 배당 지급을 실행해 온 기업의 주식이 이에 해당한다.

이 주식들을 좋아하는 첫 번째 이유는 주가의 오르내림 폭이 크기 때문이다. 그림 56의 차트 1과 차트 2는 K사와 T사의 과거 300일의 주가를 나타낸 것이다. 이것을 보면 주가의 움직임이 큰 것을 알 수 있다.

그럼 이번에는 과거 90일 간의 주가를 나타낸 차트 3을 보자.

K사의 주가는 2004년 2월 초순에 저가, 3월 상순에 고가, 3월 중순에 다시 저가로 내려갔다가 4월 초순에 고가, 4월 중순에 저가, 4월 말에 다시 고가 하는 식으로 움직이고 있다. 다소 기간의 차이가 생기는 것은 어쩔 수가 없지만, 비교적 저가와 고가를 예측하기 쉬운 차트다. 미래는 예측할 수 없다? 지당하고 옳은 말이다. 그러나 **하나의 종목을 계속 지켜보고 있으면 어느 정도는 움직임을 읽을 수 있게 된다.**

맛있는 종목은 열매를 다 따 먹은 다음 뼛속까지 빨아 먹으면 진짜 단물이 나온다. 단 **열매가 맛없는 것은 조금 베어 먹어 보고 미련 없이 버린다.**

그림 56. 맛있는 종목의 차트 예

차트 1   K사 300일

차트 2   T사 300일

이 둘은 내가 좋아하는 맛있는 종목으로 모든 매매에서 이익을 얻고 있답니다.

차트 3 K사 90일

매일 너무너무 좋아하는 남자 친구 생각만 하고 있으면,
그가 무슨 말을 할지 무엇을 할지
알게 되는 것과 같은 이치죠.
하나의 종목을 계속 지켜보세요!
언제 올라갈지 나려갈지 예측할 수 있게 될 거예요.

때로는 물타기와 손절매가 필요하다

주식 거래를 하다 보면 어쩔 수 없이 하게 되는 것이 **손절매**와 **물타기**로, 이름만 들어도 어쩐지 좋지 않은 인상을 주는 말들이다. 손절매는 이익이 남지 않음에도 불구하고 파는 것을 뜻하는데, 뒤에서 설명하기로 하겠다.

물타기는 주가의 변동으로 인해 손해를 입은 경우, 주가가 내려간 상태에서 그 주식을 더 사들여 매입 단가를 낮추는 것을 말한다. 무슨 뜻인지 얼른 이해가 안 갈 것이다.

> *** 손절매**
> 가지고 있는 주식의 현재 시세가 산 가격보다 낮은 상태이고 앞으로 가격이 올라갈 가능성이 전혀 보이지 않는 경우 손해를 감수하고 파는 것을 말한다.
>
> *** 물타기**
> 주식 투자에서 당초에 사들인 유가증권, 즉 주식의 가격이 크게 내려가 평균 단가를 내리기 위해 더 사들이는 것. 신용 거래에서는 처음에 판 주식의 가격이 크게 올라가 평균 단가를 올리기 위해 더 파는 것도 이에 해당한다.

예를 들어 8,000원짜리 주식을 1,000주 샀다고 하자. 좀처럼 주가가 오르지 않더니 오히려 6,000원에 떨어졌다. 언제가 될지는 모르겠으나 2,000원 이상 주가가 오를 날을 기다리기로 했다. 이때 6,000원에 1,000주를 더 샀다. 그러면 8,000원짜리 1,000주와 6,000원짜리 1,000주를 갖게 되므로 2,000주의 평균 단가는 7,000원이 된다. 평균

그림 57. 일반 거래에서의 물타기

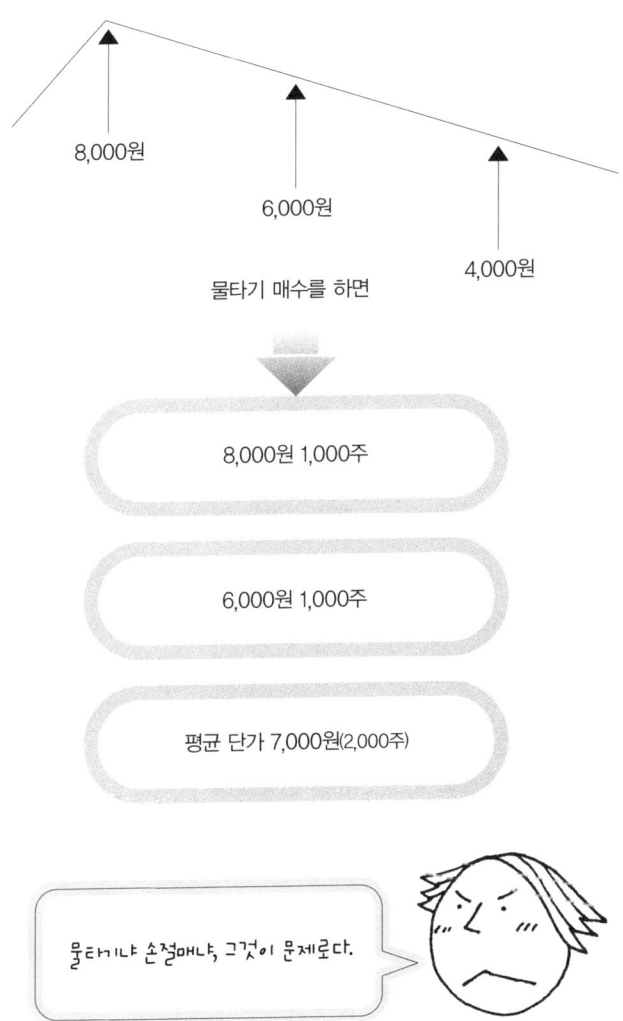

물타기냐 손절매냐, 그것이 문제로다.

주식 매매 법칙 10가지 **187**

단가가 7,000원이라면 앞으로 1,000원 이상 오르면 차액이 생기므로 2,000원 이상 오르기를 기다리는 것보다 빨리 팔 수 있고 심적으로 안심이 된다. 신용 거래에서는 먼저 파는 매매 방법이 있다고 설명 했다. 이 경우에는 판 시점보다 주가가 오르면 오를수록 **평가손**이 된다. 이때 역시 물타기 매도를 이용해 손해를 줄이도록 한다. 여기에서 여러분에게 질문을 하나 던져 보겠다. 앞의 예에서 주가가 4,000원까지 내려간다면 어떻게 해야 할까?

> *** 평가손**
> 갖고 있는 주식의 시세가 하락하거나 매입 가격보다 낮은 경우 그 차액.

답은 2가지 있다. 하나는 4,000원에 1,000주를 더 사서 평균 단가를 6,000원으로 낮추는 것, 또 하나는 손절매다. 평균 단가 7,000원 짜리 주식 2,000주를 4,000원에 파는 것이므로 600만 원의 손해를 보게 된다. 다만 주가가 6,000원이 되었을 때 손절매를 하면 200만 원 손해로 끝난다. 둘 다 큰 돈을 손해 보는 것이니 두려울 것이다.

그렇다면 차라리 애초에 100원 정도 내려갔을 때 얼른 팔아 치우면 되지 않느냐고 생각하는 사람이 있을 것이다. 그러나 다음날 300원이 오를지도 모를 일이다. **조심조심 주식 거래를 하며 항상 손절매를 염두에 두고 있으면 돈을 벌 기회를 놓치고 만다.** 오른 주식은 언젠가는 내려가고, 내려간 주식은 언젠가는 오르게 되어 있다. 그렇지 않으면 그 주식을 발행한 기업은 도산한다.

때로 손절매가 필요한 건 사실이다. 그러나 **이제 곧 이 내리막길을 벗어날 거라는 생각이 들면 물타기를 하자. 차트를 꼼꼼히 지켜보고 자신감으로 극복하자.**

그림 58. 물타기와 손절매

제발 이 난관을 헤쳐 나갈 수 있도록 해주세요!

손절매는 이익을 얻기 위해서라고 생각해 감행한다.

물타기는 양주에 물을 타서 묽게 만드는 것과 같은 이치다.

호가 정보를 제대로 이용하자

'이 종목을 사야지' 하고 결심해도 실제로 얼마에 사면 좋을지 망설이게 된다. 언제 얼마에 저가가 될지는 누구도 모르기 때문에 저가를 기록한 다음날 혹은 그 다음날 산다고 하자. 막상 사려고 할 때 얼마에 살지 결정하는 것은 몇 년이나 주식을 거래해 온 나 역시 어려운 일이다.

주식을 사는 방법에는 2가지 있다. 시장가 주문과 지정가 주문이다. 오를 가능성이 높은 경우나 저가에 아주 가까운 경우는 시장가 주문을 해도 상관없다. 그러나 주가는 수시로 오르내리는데, 주가의 급속한 변동을 방지하기 위해 주가의 폭을 일정한 범위로 제한하는 **가격제한폭**이라는 것이 있다.

거래가 성립하는 것을 **매매 체결**이라고 한다. 거래를 하다 보면 체결 후에 '이렇게 높은 가격으로 샀다니' 하고

> *** 가격제한폭**
> 주식 시장에서 주가의 급변으로 인한 혼란을 막고자 하루 동안 개별 종목의 주가가 오르내릴 수 있는 한계를 정해 놓은 범위. 이 범위까지 오르는 것을 상한가, 내리는 것을 하한가라고 부른다. 유가증권시장과 코스닥시장의 주가는 모두 전일 종가 대비 15%를 초과하여 변동할 수 없다.
>
> *** 매매 체결**
> 증권선물거래소가 주식 시장에서 유가증권, 즉 주식의 매매를 성립시키는 것

그림 59. 가격제한폭

후회하는 경우가 있는가 하면, '높은 가격에 잘 팔았군' 하고 의기양 양해하는 경우가 있다. 또 다소의 이익이 생길 것 같았는데 체결 후 '엇, 손해를 봤네' 하는 경우가 있다. 그러니 가능하면 당일 아침이 아니라 전날 밤 차트를 보면서 계획을 세우자. ○○○원부터 △△△원 사이에서 사고 ×××원 이상으로 판다는 대략의 계획이라도 좋다.

> *** 매수 호가**
> 주식 시장에서 매수 주문에 대해 이에 걸맞는 매도 주문이 없어 가격이 형성되지 않은 상태.
>
> *** 매도 호가**
> 주식 시장에서 매도 주문에 대해 이에 걸맞는 매수 주문이 없어 가격이 형성되지 않은 상태.

당일은 시세 정보에서 **매도 호가, 매수 호가**를 체크하자. 이 정보는 각 종목이 어느 가격대에 얼마나 주문이 들어오고 있는가를 표시한다. 각 증권회사가 이를 실시간으로 서비스하고 있다. 그림 60처럼 현재 주문이 나오고 있는 주가와 매도 주문의 주식 수, 매수 주문의 주식 수가 표시된다. 이것을 보면 얼마로 주문하면 체결될지 어느 정도 예측 가능하다.

매수 호가가 높아지면 현재가는 올라가므로 이 표시는 항상 변동한다. 현재가로 지정가 주문을 하면 대부분 매매가 성립되지만, 그 주식을 사려는 매수 주문의 수가 팔려는 매도 주문보다 많은 경우에는 주가가 오르리라 예측하여 지정가 주문을 한다. 매도 주문이 많으면 주가는 내려가는 경향이 있다. 그런 때 현재가보다 높은 호가로 매도 주문을 내도 거의 매매가 성립되지 않는다.

이익을 확실하게 계획적으로 얻으려면 지정가 주문을 이용하도록 하자. 그리고 시세 정보를 판단 재료로 삼아 전날부터 계획하고 있던 종목을 얼마에 거래할지를 정한다. 그렇지만 시세 정보는 지정

그림 60. 시세 정보의 예

호가표

매도 호가 수량	전일 종가 16,000	매수 호가 수량
2,000	16,430	
1,000	16,410	
4,000	16,400	
1,000	16,380	
6,000	16,360	
	16,340	1,000
	16,310	4,000
	16,300	6,000
	16,290	10,000
	16,270	3,000

↑ 현재가

이 정보는 실시간으로 달라져 가죠.
지정가 주문의 가격을 결정하는 데 도움이 돼요.

가 주문의 정보일 뿐이므로 시장가 주문의 정보는 반영되지 않는다. 매수 주문이 적어 주가가 내려갈 거라고 판단했던 종목에 대량 시장가 주문이 들어와 주가가 상승할 가능성이 있다. 그리고 불과 몇 초 사이에 주가가 놀랄 만큼 달라져 버리는 경우도 있다.

애널리스트의 한마디

주식 정보가 가득한 사이트들을 활용하자

주식 투자 정보를 가장 정확하고 빠르게 얻을 수 있는 사이트는 투자자 자신이 거래하고 있는 증권회사에서 배포하는 홈 트레이딩 시스템(HTS)입니다. 앞에서 이미 설명했지만 홈 트레이딩 시스템은 불과 몇 년 사이에 눈부신 발전을 거듭하여 무척 똑똑해졌습니다.

보통 홈 트레이딩 시스템에는 시황 메뉴가 있는데, 여기에 들어가면 주식 시장과 관련된 거의 모든 투자 정보를 실시간으로 볼 수 있습니다. 대부분 개략적인 자료들이기는 하지만, 그런 정보와 자료가 있다는 것만 알아도 투자하는 데 큰 힘이 됩니다. 특정 회사에 대한 공시(주가에 영향을 줄 만한 회사에 관한 중요한 정보를 신속하게 투자자에게 공개하는 제도)와 기업 내용을 알고 싶으면 금융감독원의 전자공시 시스템(http://dart.fss.or.kr)에 들어가 참고하면 됩니다. 해당 회사에서 공개한 사업 보고서, 감사 보고서 등 공시 자료를 세밀하게 검토하고 분석할 수 있습니다. 요즘은 공시가 강화되어서 주의 깊게 찾아보면 회사에 대한 어지간한 정보는 얻을 수 있죠.

한국증권선물거래소(http://www.krx.co.kr)와 한국증권업협회(http://www.ksda.or.kr)

의 홈 페이지에 들어가면 증권 시장 전체의 동향이나 통계, 관련 법규를 찾아볼 수 있습니다. 또 증권예탁결제원(http://www.ksd.or.kr) 사이트를 찾아가면 상장 기업의 증자, 합병 등의 일정과 절차를 구할 수 있습니다. 이들은 공공 기관이니만큼 믿을 만한 정보라 할 수 있죠.

실시간으로 그때그때 올라오는 기사와 함께 투자 정보를 얻고자 한다면 이데일리(http://www.edaily.co.kr), 머니투데이(http://www.moneytoday.co.kr) 등 온라인 언론사 사이트가 유용합니다. 이 밖에 이토마토(http://www.etomato.co.kr), 팍스넷(http://www.paxnet.moneta.co.kr), 씽크풀(http://www.thinkpool.com), 솔론(http://www.solon.co.kr), 슈어넷(http://www.surenet.co.kr)과 같이 투자 정보를 제공하는 사이트들은 무수히 있습니다. 각각 장단점이 있고 제공하는 서비스 내용이 다르므로 개인의 취향과 필요에 맞는 사이트를 선택하면 좋습니다. 또 투자 정보를 유료로 제공하는 사이트들도 헤아릴 수 없이 많습니다. 단 이 사이트들에서 제공하는 모든 정보가 옳다고 볼 수 없을 뿐더러 자칫 거짓 정보에 현혹될 경우 큰 손실을 입을 수 있으니 각별히 주의해야 하는 건 알고 있겠죠.

단층집이 최고, 이층집은 조심하자

7

신용 거래에는 이층 구조 거래라는 것이 있다. 이것은 일반 거래보다 커다란 이익을 얻을 수 있다. 그러나 가장 리스크가 높은 거래다. 배짱이 좋은 나도 이층 구조 거래만은 하지 않도록 하고 있다. 잔뜩 겁을 주었지만 어떤 거래인지 설명해 보겠다.

신용 거래에는 **신용거래증거금**, 즉 담보가 필요하며 그것은 주권(주식, 유가증권)으로 대신할 수 있는데 이는 제5장에서 다시 설명하겠다. 이층 구조 거래란 갖고 있는 주식과 동일한 종목을 신용 거래로 사는 것을 말한다. 신용 거래로 주식을 사는 것은 신용 매수라고 한다.

> *** 신용거래증거금**
> 증권회사에서 신용 융자를 받을 때 납부하는 현금 또는 대용 주식 신용 매수 대금 가운데 신용거래증거금을 뺀 나머지 금액을 증권회사에서 대출을 받을 수 있다. 증권관리위원회는 최소 40% 이상을 투자자가 신용거래증거금으로 내도록 규정하고 있는데 이를 신용거래증거금률이라고 한다.

또 하나 기억해 둘 용어에 신용 미수가 있다. 신용 거래에서는 주식을 산 고객은 증권회사에게서 빌린 자금을 기한까지 갚아야 하는데 갚지 못한 자금을 신용 미수라고 한다.

증권회사에 따라서는 신용 매수 종목과 동일 종목에 대해서는 **담**

그림 61. 이층 구조 거래

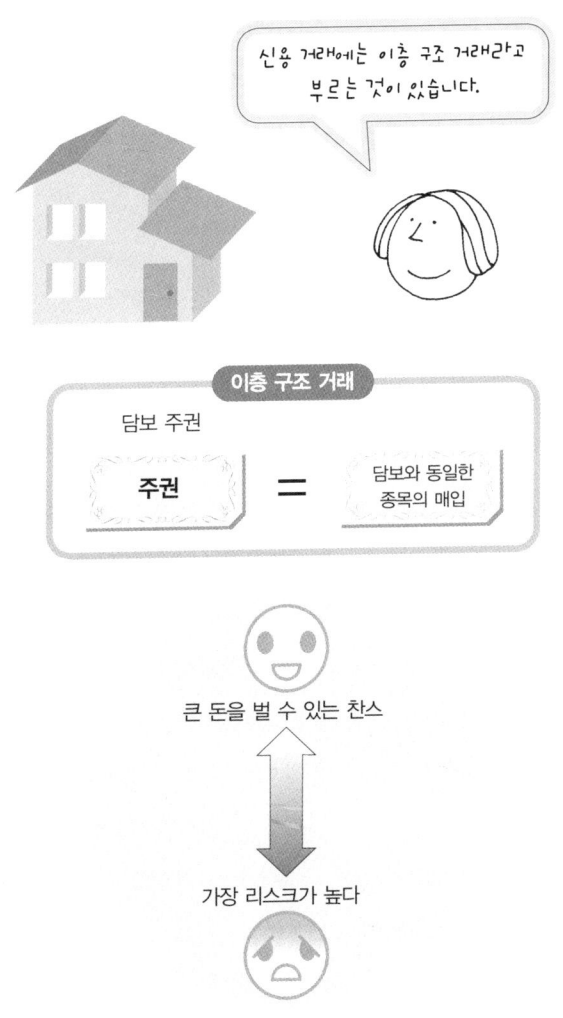

> *** 담보**
> 신용 거래를 행할 때 증권회사에 넣는 신용거래증거금. 원칙적으로 현금이어야 하지만 유가증권, 즉 주식으로 대신할 수도 있다.

보로서 인정하고 있지 않는 곳이 있다. 또한 일정 조건에 달하면 신규 현금 매수를 제한하는 경우가 있다. 이를테면 현금 100만 원과 ○○종목을 150만 원어치 담보로 하고 있는 경우, ○○종목을 새로 사들일 수 없다. 그러나 현금 100만 원과 ○○종목 50만 원어치를 담보로 하고 있는 경우에는 구입할 수도 있다.

이층 구조 거래를 금지하는 규제나 일정한 규제가 있는 것은 투자자가 큰 이익을 얻지 못하게 하려고 하는 것이 아니라 리스크를 억제하기 위한 것이다. 이층 구조 거래를 한 종목의 주가가 하락하면 어떻게 될까? 우선 담보로 하고 있던 대용 주식의 평가액이 감소하

> *** 건옥**
> 매매 계약은 체결되었으나 아직 결제되지 않은 상태의 주식과 그 수량.
>
> *** 신용담보유지비율**
> 신용 거래에서 증권회사가 시세 변동으로 인해 융자금 또는 주식을 회수하지 못하는 일을 방지하고자 신용 거래를 하는 투자자가 융자금의 상당 부분을 담보로 유지하도록 정해진 비율.

고, 다음에는 **건옥**의 평가손이 확대된다. 그러면 **신용담보유지비율**이 악화되어 전날까지는 140%였는데 갑자기 130% 이하로 되어 버리는 일이 있다. 신용담보유지비율은 증권회사마다 다른데 이를 유지하도록 주의해야 한다.

오를 거라고 생각하여 이층 구조 거래를 한 주식이 오르지 않고 손해를 보아 담보의 가치가 감소하면 이중으로 손해를 입고 만다.

집을 지을 때도 마찬가지다. 큰 돈을 빚까지 내서 이층집을 세우느니 차라리 단층이 좋지 않을까? 빚을 갚을 수 없게 될 경우 불가

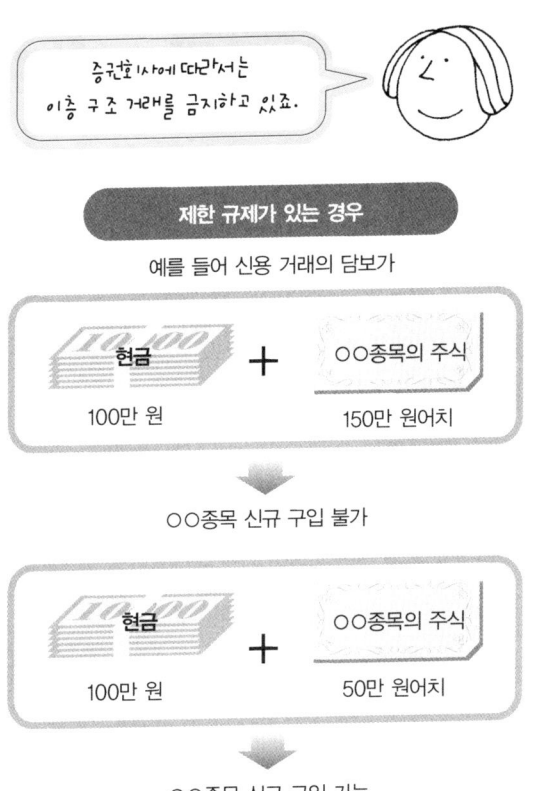

그림 62. 신용 거래에서 주의할 이층 구조 거래

피하게 집을 팔아야 할 때가 있기 때문이다. 이층 구조 거래에는 아무쪼록 주의하자. 신용 거래는 적은 자금으로 많은 이득을 얻을 수 있는 방법이긴 하지만 지나친 매매에는 커다란 리스크가 따른다는 사실을 잊지 말자.

주식 거래에서도
절약 정신을 잊지 말자

 이 책을 여기까지 읽은 사람은 이제 이해했을 거라고 믿는데, **나는 주식 투자에서 승리하는 비결은 박리다매 방식이라고 믿는다.**
 다시 말해 100원 올랐을 때 팔면, 한 번의 매매에서는 그리 큰 돈벌이가 되지 않지만 단기 매매로 횟수를 거듭해 감으로써 이익을 쌓아 가는 것이다. **티끌 모아 태산이 되는 작전**이라고 할 수 있다. 하나의 종목을 샀다가 팔거나 팔았다가 되사는 한 번의 매매 거래에서 얻는 이익을 티끌이라고 말할 수는 없다. 몇십만 원이 안 되는 경우가 자주 있으나, 몇백만 원 혹은 1,000만 원 가까운 이익을 손에 넣는 경우가 있는 것 역시 사실이다.
 위탁수수료가 자율화되기 전에는 모든 증권회사가 동일한 비율의 수수료를 받고 있었다. 하지만 수수료가 자율화되어 증권회사 사이에 차이가 생기고 인터넷을 이용해 홈 트레이딩을 하면 좀 더 저렴하게 받는 곳도 있어 박리다매 작전은 대성공을 거두어 갔다. 장애물이던 위탁수수료 문제가 완전히 해결되었다고 말할 수는 없으나 매매 횟수가 많을수록 수수료가 저렴한 증권회사를 선택하는 편

그림 63. 작은 돈이라도 중요

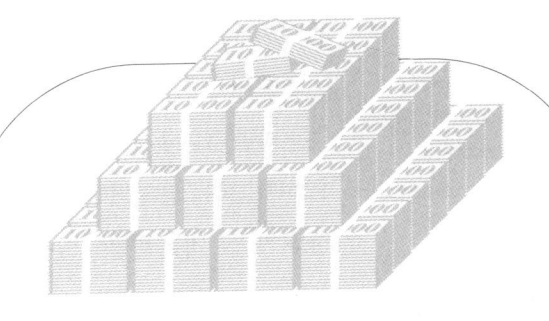

티끌도 쌓이면 태산이 된다.

위탁수수료 자율화 전에는 증권회사가 모두 똑같고 지금보다 비쌌어.

지금은 잘찾으면 위탁수수료가 저렴한 증권회사가 많아.

이 유리하다.

지금껏 주식 거래라고 해온 것은 전부 **현물 거래**로, 자신의 계좌에 들어 있는 현금으로 주식을 매매하는 일반 거래를 가리킨다. 내가 자주 써먹는 방법 가운데 사고 싶은 주식이 있으면 처음에는 신용 거래로 산 다음 이 현물 거래로 하는 방법이 있다. 주식의 평가손을 고려하여 가능한 한 현금은 담보로 남겨 둔다는 취지에서다. 또 갑자기 욕심이 나는 종목을 발견한 경우, 신용 거래라면 그것을 살 자금이 있으나 처음부터 현물 거래를 하면 현금이 부족해져 돈을 벌 수 있는 종목을 놓칠 우려가 있다. 따라서 언제든 매력적인 종목이 나타나면 살 수 있도록 현금은 소중하게 보관해 두고 싶은 것이다.

신용 거래의 경우 돈을 빌리면 이자, 주식을 빌리면 **대주매각대금이용료**가 발생한다. 사놓은 종목의 주가가 좀처럼 오르지 않을 때 현물로 바꾸어 이자 부담을 최대한 적게 한다. 돈을 빌리는 신용융자금을 쓰는 기간이 길수록 이자율이 높아지므로 주가가 예상대로 오르지 않을 경우 이자 부담을 줄이기 위해 현금으로 상환하는 것이 유리하다는 뜻이다. 이자로 부담한 금

* 현물 거래
매매 체결 뒤 일정 기일까지 파는 쪽은 주식을, 사는 쪽은 대금을 상대방에게 건네주어 결제하는 거래로, 실물 거래라고도 한다. 다시 말해 투자자들이 증권회사를 통해 주식과 현금을 주고받는 것을 가리킨다.

* 대주
신용 거래에서 주가가 하락할 것으로 보고 차익을 얻기 위해 주권 즉 주식을 거래하는 증권회사에서 빌려서 파는 행위 또는 그 주식. 증권회사에서는 이를 차주라고 부른다.

* 대주매각대금이용료
증권회사가 대주를 판 대주매각대금을 이용하는 대가로 투자자에게 지불하는 일정한 비율의 이용료. 대주매각대금은 대주의 담보가 되므로 투자자는 상환하기 전까지 찾을 수 없다.

그림 64. 신용 거래에서 절약할 것들

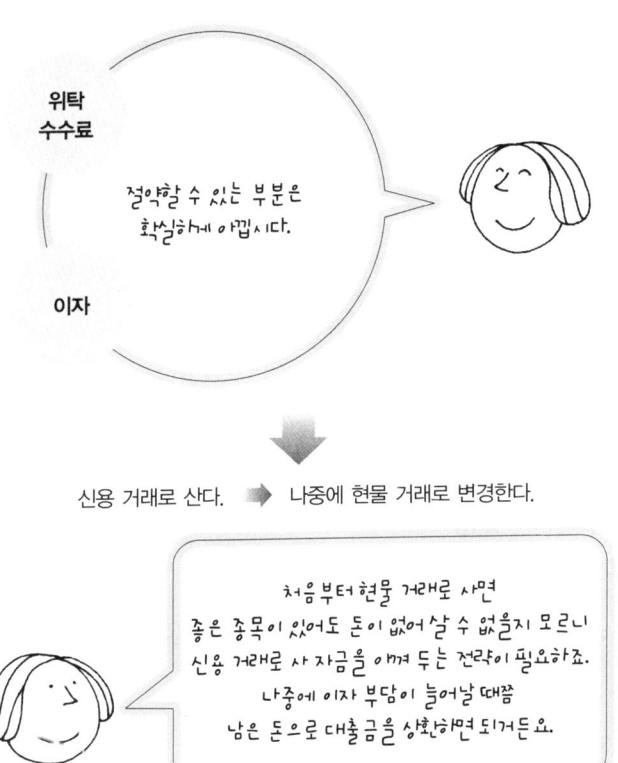

액이 적어야 나중에 팔기가 쉽기 때문이다. 세금 계산은 증권회사에게 맡기고 아낄 부분은 아끼는 절약 정신을 잊지 않도록 항상 명심하고 있다.

애널리스트의 한마디

신문의 주식 시세표는 이렇게 읽는다

⑤ ▲ 상승	⑦ ↑ 상한	⑨ ⊙ 권리락
⑥ ▽ 하락	⑧ ↓ 하한	⑩ ★ 배당락

① 종목	② 종가		③ 전일비	④ 거래량
한국철강	21000	▲	50	283
삼양식품	20805	▽	550	3952
C남선홈웨	1025	↑	130	2385004
E진양화학	5870	▲	70	3470
LG카드	30500		—	63092
C이스턴테크	1085	↓	190	42612

요즘은 각 일간지나 방송에서 경제에 관해 많은 지면과 시간을 할애하고 있는데, '시세표' 혹은 '주식 시세'라는 것을 싣고 있습니다. 이 시세표는 주식 투자에서 기초적이면서도 중요한 자료지만 화살표, 삼각형, 숫자 등 일반 사람이 보기에는 도무지 뭐가 뭔지 알 도리가 없는 것투성이죠. 여기에서는 일간지의 시세표 읽는 방법에 대해 간단하게 설명해 보겠습니다.

① 종목 : 증권선물거래소에서 거래되고 있는 주식(유가증권)의 명칭 또는 고유 번호.

② 종가 : 주식 거래에서 하루 중 가장 마지막으로 형성된 가격.

③ 전일비(전일 대비) : 전날의 종가에 비해 가격이 오르거나 내린 정도. 현재가에서 전날 종가를 뺀 것이 된다. 예를 들어 위의 표에서 한국철강의 경우 전일

비란을 보면 ▲50으로 표시되어 있는데, 이는 50원이 올랐다는 것이니 전날 종가 20,950원에서 50원 올랐다는 이야기가 된다.

④ 거래량 : 당일 거래가 성립된 총 주식 수.

⑤ 상승 : 주가가 오른 것.

⑥ 하락 : 주가가 내린 것.

⑦ 상한 : 주가가 전일 종가에 비해 가격제한폭(현재 15%)까지 오른 것.

⑧ 하한 : 주가가 전일 종가에 비해 가격제한폭까지 내린 것.

⑨ 권리락 : 신주(주식회사가 증자하기 위해 새로 발행하여 첫 결산기를 맞지 않은 주식)를 배정받을 권리가 없어진 것.

⑩ 배당락 : 배당받을 권리가 없어진 것.

그리고 이 표에는 없지만 액면 분할이라는 것이 있죠. 이는 앞에 나온 주식 분할과 같은 것으로, 발행한 주식을 일정 비율로 분할하여 발행 주식의 총수를 늘리는 것을 가리킵니다. 이를테면 액면가(주식을 발행할 때 매긴 최초의 가격) 5,000원짜리 1주를 2,500원짜리 2주로 만드는 것이죠. 이 액면 분할과 반대되는 개념은 액면 병합이라고 합니다.

바쁜 사람에게는 3가지 매매 방법이 있다

　나 같은 주부조차 집안일이나 밥 짓기, 유치원 마중, 장보기로 느긋하게 주식 투자에 매달릴 시간이 별로 없다. 그러니 하물며 샐러리맨이나 직장 여성처럼 정해진 시간에 출근해서 하루 종일 회사에 매어 있는 여러분은 더욱 그럴 것이다. 하지만 이렇게 바쁜 사람도 주식 거래로 돈을 벌 수 있는 3가지 방법이 있다.

　첫 번째는 거래소의 거래 시간 외, 즉 전날 밤이나 이른 아침에 사거나 팔 주문을 내두는 방법이다. 현재 주문은 24시간 내내 가능한 증권회사가 많기 때문에 종목을 선택한 후 전날의 주가나 차트를 살펴보고 다음날의 주가를 예측해 주문할 수 있다.

　여기에서 문제가 되는 것이 지정가 주문의 경우다. 얼마에 주문하면 좋을지 전날의 종가와 과거의 차트로 예측하는 수밖에 없다. 당일 자신이 낸 가격과 크게 차이가 나 체결(매매 성립)되지 않을 때도 있는데, 그런 때에는 인연이 없었다고 생각하며 미련을 버리는 편이 좋다. 원하는 종목을 고집한 나머지 시장가 주문을 하면, 직장에서 돌아와 컴퓨터 화면을 보고 깜짝 놀랄 만큼 높은 가격으로 사버린 경우가 있을 수 있어 그다지 권할 만한 방법이 못 된다. 아침에 시간 여유가 있는 사람이라면 우선 거래가 시작되는 9시부터 30분 간 상황을 지켜보고 시세 정보를 참고로 하여 지정가 주문을 하는 편이 바람직하다.

두 번째는 일하는 사이에 잠시 시간을 내 휴대전화나 노트북을 이용해 정보를 얻어 이를 참고로 하면서 주문하는 방법이다. 이 방법으로는 첫 번째 방법보다 자신의 희망 가격으로 체결할 가능성이 높다. 그러나 일하는 사이 '10분만 시세 정보를 확인해야지' 하고 생각했던 것이 순식간에 시간이 훌쩍 지나가 버려 결국 주문은 하지 못하고 마는 일이 종종 있다. 또는 외근이 잦은 영업직은 일은 하지 않고 공원 벤치에서 노트북을 붙들고 몇 시간을 보내게 될지도 모르니 주의해야 한다.

세 번째는 자동 매매 프로그램을 이용해서 주문하는 방법이다.

개인 컴퓨터로 자동 매매 프로그램을 짜고 있는 사람도 있지만, 확실성·안정성 때문에 증권회사의 홈 트레이딩 시스템(HTS)에 있는 자동 매매 프로그램을 이용하는 게 좋을 것이다. 계좌를 개설한 증권회사의 고객은 무료로 사용할 수 있다.

자동 매매 프로그램에는 편리한 기능이 가득하다.

'컴퓨터로는 메일밖에 한 적이 없는데' '인터넷으로는 주문을 못 하는데' 하는 주부들이나 나이 든 사람들은 아무래도 익히려면 다소 시간이 걸릴 것이다. 시간에 쫓기는 사람은 자신의 생활 패턴에 맞는 매매 방법이 무엇인지 찾아보도록 하자.

그림 65. 바쁜 사람이 이용하는 3가지 매매 방법

1 거래 시간대 이외에 주문을 내둔다.

주문은 24시간 OK입니다.

지정가주문은 얼마에 하면 좋을지 예상하기가 어려워.

시장가 주문은 그다지 권하지 않습니다.

아침 시간에 여유가 있는 경우, 그날의 첫 번째 거래를 보고 나서 주문하면 지정가 주문을 하기가 수월하다.

2 일하는 사이에 짬을 내 휴대전화나 노트북으로 정보를 체크하거나 주문한다.

3 자동 매매 프로그램을 이용해 주문한다.

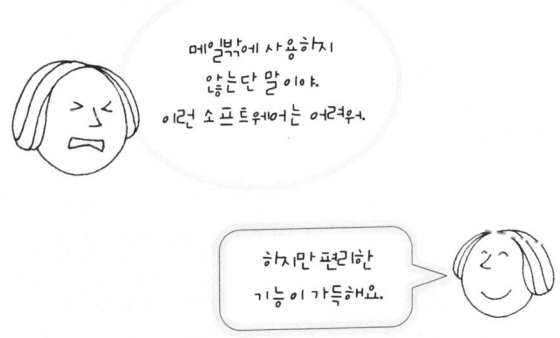

자동 매매 프로그램을 익히면 주식 인생은 장밋빛

10

앞에서 자동 매매 프로그램에 대해 설명했으니 좀 더 이야기해 보겠다. 자동 매매 프로그램이 가장 마음에 드는 점은 **역지정가 주문**이라는 방법을 이용할 수 있는 것이다.

> *** 역지정가 주문**
> 주식의 가격이 주문 시점의 가격을 기준으로 지정한 가격보다 높아지면 실제로 사는 주문 방법. 또는 반대로 지정한 가격보다 싸지면 실제로 매각하는 주문 방법.

이제는 이해하고 있겠지만 지정가 주문은 말 그대로 '얼마에 산다' '얼마에 판다' 하는 것을 지정하여 주문하는 방법이다. 역지정가 주문의 경우, 주가가 얼마 이상 또는 이하가 되면 얼마에 지정가 주문을 내는 게 가능하다. 자동 매매 프로그램 없이 스스로 하려면 거래 시간 내내 언제나 현재가를 확인하고 있어야 하므로 바쁜 사람에게는 무척 고맙고 편리한 기능이다.

매도 주문의 경우에도 주가가 얼마 이하가 되면 시장가로 팔겠다는 역지정가 주문이 가능하다. 이 방법을 이용하면 큰 손해를 보기 전에 팔 수 있으므로 리스크가 적은 손절매를 실현할 수 있다. 그리고 실시간으로 시세 정보를 확인하지 않더라도 걱정 없다.

그림 66. 역지정가 주문

그때그때 실시간으로 정보를 보면서 주문을 하려고 하면 자신의 감정이 들어가 적은 액수의 손해에서 그치고 팔아 버릴 수 있었던 것(손절매)이 '어쩌면 또다시 회복할지도 몰라' 하고 버티다 더욱 큰 손해를 보게 될 가능성이 있다. 그러나 자동 매매 프로그램은 설정한 대로 사무적으로 대처해 주므로 감정 개입에 의한 손해는 보지 않는다.

또 하나 환영받고 있는 기능이 더블지정가 주문이다. 지정가 주문은 얼마에 주문하느냐 하는 것뿐이지만, 더블지정가는 이름 그대로 한 번 더 지정가의 조건을 달 수 있는 것이다. 나는 전에는 더블지정가 주문을 자주 했다.

예를 들어 어느 종목에 대해 9,000원으로 지정가 주문을 했다고 하자. 이 가격을 결정한 이유는 현재가가 9,200원으로 이것보다 조금 내려가면 매수하겠다는 판단 때문이다. 하지만 주가는 생각처럼 내려가기는커녕 상승한다. '아, 큰일 났다. 현재가로 주문했어야 하는데' 하며 일단 주문을 정정하여 이번에는 9,500원으로 다시 지정가 주문을 내서 겨우 사게 되었다. 이것이 나의 수동식 더블지정가 주문이다.

자동 매매 프로그램에서도 일단 지정가로 주문하고 얼마 이상으로 주가가 오르면 얼마에 지정가 주문한다는 것이 가능하다. 그리고 처음에는 지정가로 주문해 두고 조건에 맞지 않을 경우 첫 번째 지정가는 정정되고 시장가 주문으로 변경하는 것이 가능하다.

그림 67. 자동 매매 프로그램의 다양한 기능

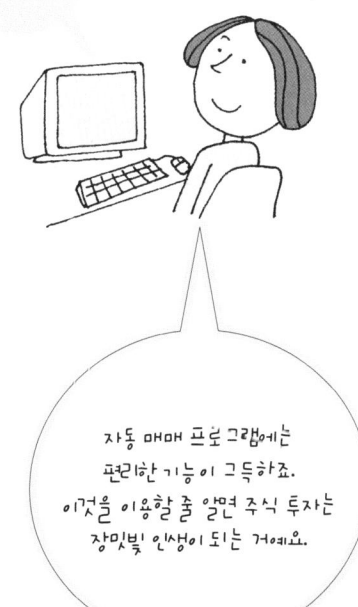

이 프로그램을 이용함으로써 손해를 경감할 수도 있다. 자동 매매 프로그램은 그 밖에 **릴레이 주문**이나 **리턴 주문** 등 다양한 기능의 보고이며, 이렇게 다양한 기능들을 제대로 활용할 수 있다면 시간이 없는 사람이라도 확실한 이익을 얻을 가능성이 훨씬 커진다. 그리고 주식 투자의 장밋빛 인생이 시작된다고 과언이 아니다.

* 릴레이 주문
체결 결과를 일일이 확인하거나 시세를 보지 않아도 어느 주문의 체결에 따라 다음 주문을 할 수 있는 주문 방법. 즉 '매도 주문→체결→확인→매수 주문'이라는 일련의 조작이 한 번의 주문으로 실행 가능하다.

* 리턴 주문
체결과 동시에 반대 매매 주문을 내는 방법.

애널리스트의 한마디

최근 주식 시장의 흥미로운 변화

증권회사의 홈트레이딩 시스템을 이용한 주문과 관련 있는 통계를 살펴보면 재미있는 사실들을 발견하게 되죠. 최근 홈 트레이딩 시스템을 통한 거래 비중이 감소하고 있다는 것이 그중 하나입니다.

2002년 무려 53%에 이르던 홈 트레이딩 시스템 매매 비중은 2003년 49.3%, 2004년 44.9%로 점차 줄어들기 시작하더니 2005년 상반기에는 43.6%로 낮아졌습니다. 반면 투자자들이 증권회사 본점이나 지점 등 영업장을 찾아가 직접 주문하거나 전화로 주문하는 비중은 높아져 2005년 상반기에는 50%를 웃도는 것으로 나타났죠.

이 통계는 우리에게 시사하는 바가 큰데, 개인 투자자의 거래 비중이 줄어드는 대신 외국인 투자자나 기관 투자가의 비중이 높아져 주식 시장이 그만큼 안정되었다는 것을 입증해 주기 때문입니다.

외국인 투자자의 거래 비중은 2003년 고작 14.06%에 머무르던 것이 2004년에는 21.74%, 2005년에는 22.19%까지 뛰어올랐습니다. 이와는 반대로 개인 투자자의 거래 비중은 2003년 67.07%에서 꾸준히 감소해 2005년 상반기에는 59.63%에 이르렀습니다. 더욱이 개인 투자자의 71.3%는 홈 트레이딩 시스템을 통해서, 외국인 투자자의 91.3%는 영업점 단말기를 통해서 거래하고 있다고 합니다.

이렇게 개인 투자자의 수가 줄었다고는 해도 최근에는 주식 시장이 활기 띠자 많은 사람이 뜨거운 관심을 보이고 있는 게 현재의 상황입니다.

5 알고 있으면 이득!
신용 거래의 기초 지식 10가지

1. 신용 거래라는 게 뭐지? | 218 |
2. 신용 거래는 누구나 할 수 있을까? | 220 |
3. 신용 거래 계좌는 어떻게 만들 수 있지? | 222 |
   - 애널리스트의 한마디 | 신용 거래를 하기 위한 준비는 이렇게 한다 | 224 |
4. 신용 거래에는 어떤 비용이 얼마나 들까? | 226 |
5. 신용 거래라면 주가 침체와 관계없다! | 228 |
6. 신용거래증거금이 크면 거래 금액도 커진다 | 230 |
   - 애널리스트의 한마디 | 신용 거래에 따르는 조건들 | 232 |

7 단기 승부로 가자 | 234 |

8 추가 담보에 조심하자 | 236 |
- 애널리스트의 한마디 | 신용 거래에서는 이것들을 피하자 | 238 |

9 다음을 위해 손절매가 필요할 때도 있다 | 240 |

10 신용 거래에서 배당 투자를 하는 방법 | 242 |

신용 거래라는 게 뭐지?

우리가 흔히 주식 거래라고 하면 이는 거의 현물 거래를 뜻한다. 현물 거래는 자신의 계좌에 들어 있는 현금으로 주식을 매매하는 일반 거래를 가리키며, 주식 거래에는 이외에 신용 거래라는 거래 방법이 있다. 사실 여기까지는 벌써 여러 번 설명한 내용이다. 이제는 이 신용 거래에 관해 자세히 알아보자.

신용 거래는 주식을 살 현금이 계좌에 없더라도 증권회사에서 자금을 빌려 매매할 수 있는 방법이다. 증권회사가 우리를 믿고 자금을 빌려 주어 하는 거래이므로 신용 거래라고 부른다. 하지만 반드시 담보가 필요하므로 자기 자금이 전혀 필요 없다고는 할 수 없다. 부모에게 용돈이 부족하니까 더 달라고 하듯이 무조건 빌리는 게 아니라 일정 기간 내에 갚아야 하는 데다가 그동안에는 이자를 내야 한다. 어찌 되었든 신용 거래로 거래의 폭을 넓히면 돈을 불려 갈 기회 역시 많아질 것이다.

그림 68. 신용 거래의 정의

보통 주식 거래라고 하면 현물 거래를 말하지.

신용 거래는 증권회사에서 돈을 빌려 주식을 사고파는 거예요. 매매 규모가 커지기 때문에 돈을 벌 찬스입니다.

자기 자금이 하나도 없어서 빌려 주지 않는대.

현물 거래는 계좌에 들어 있는 현금의 범위 안에서 주식을 사고파는 거래다. 신용 거래는 주식을 살 현금이 주식의 대금만큼 계좌에 들어 있지 않아도 증권회사에서 돈을 빌려서 사고팔 수 있는 거래다.

신용 거래는 누구나 할 수 있을까?

2

　신용 거래로 매매 규모를 키움으로써 돈을 벌 기회가 그만큼 많아진다는 점은 이해했을 것이다. 하지만 아직 믿을 수 없다는 사람을 위해 예를 들어 보겠다. 당신의 계좌에 500만 원이 있다고 하자. 1주에 4,000원짜리 종목을 1,000주, 400만 원어치 샀다. 며칠 후 주가가 4,500원으로 올라 팔았다면 50만 원을 남기게 된다(일단 위탁수수료나 세금에 대해서는 생각하지 말자). 똑같은 경우의 신용 거래를 생각해 보자. 신용 거래를 신청해 300만 원을 빌려 800만 원으로 4,000원짜리 종목을 2,000주 샀다. 마찬가지로 4,500원일 때 팔면 100만 원의 차익을 남기게 된다. 어떤가? 제법 많은 돈이 남은 게 아닌가?

　투자 자금이 많으면 돈을 벌 기회가 많아진다는 사실을 알 수 있다. 이쯤 되면 신용 거래를 해보고 싶다는 생각이 들 게 분명하다. 그렇다고 당장 신용 거래를 할 수 있는 건 아니다. 먼저 증권회사에 가서 신용 거래를 하겠다는 약정서를 제출하고 신용 거래를 위한 계좌를 개설해야 한다. 신용 거래를 하는 데 큰 제한은 없지만, 위험이 따르므로 투자 경험이 어느 정도 있는 사람이 하는 편이 안전하다.

그림 69. 신용 거래가 가능한 투자자

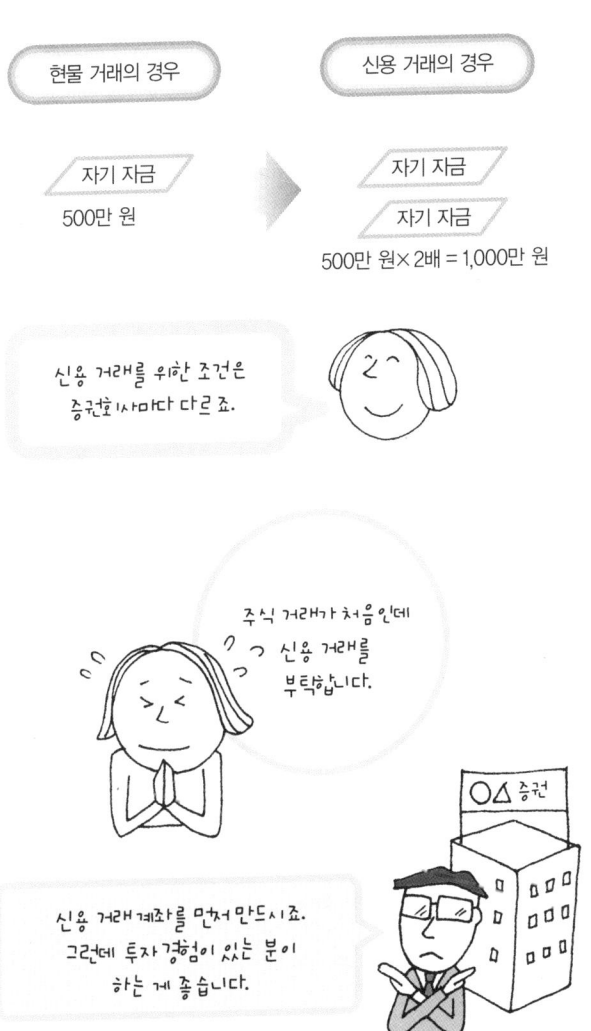

신용 거래 계좌는
어떻게 만들 수 있지?

3

　보통의 거래, 즉 현물 거래에 이용할 수 있는 계좌를 갖고 있고 실제로 주식을 사고팔고 있더라도 신용 거래를 하려면 별도의 절차가 필요하다. 그리고 주식 거래 경험이 있는 사람이 하는 게 좋다는 말은 귀에 못이 박일 정도로 했다.

　신용 거래 계좌를 만들기에 앞서 증권회사마다 서로 다른 신용 거래 조건을 비교하고 꼼꼼히 따져 자신에게 적합한 조건을 제공하는 증권회사를 선택하는 게 바람직하다.

　일단 거래하고자 하는 증권회사를 고르고 나면 직접 찾아가 일반 거래를 위한 계좌를 열 때와 마찬가지로 신용 거래를 위한 약정서를 작성하고 본인임을 확인할 신분증을 제시하는 등의 절차를 거쳐 신용 거래 계좌를 개설한다. 그러고 나서 돈을 입금하면 신용 거래를 하기 위한 준비를 마친 셈이 된다.

그림 70. 신용 거래 계좌를 만들기 위한 준비

1

인터넷으로 조사하거나 전화로 상담하여 증권회사별 신용 거래 조건을 알아본다.

2

자신에게 알맞은 조건을 제시하는 증권회사를 선택한다.

3

증권회사에 직접 가서 필요한 절차를 밟아 계좌를 개설하고 투자 자금을 넣으면 신용 거래를 위한 준비는 끝난다.

신용 거래를 신청할 때 필요한 것들을 사전에 조사해 보고 증권회사에 가야 헛걸음을 하지 않는답니다.

애널리스트의 한마디

신용 거래를 하기 위한 준비는 이렇게 한다

증권회사에서 돈을 빌리거나 주식을 빌려서 주식 거래를 하는 신용 거래를 하기 위해서는 신용거래계좌 설정약정서라는 긴 이름의 서류를 반드시 작성하여 제출해야 합니다. 증권회사가 투자자의 계좌에 있는 현금이나 주식을 담보물로서 사용하는 것을 허용하는 문서인 신용거래계좌 설정약정서를 쓸 때는 사전에 조사하여 선택해 둔 증권회사의 가까운 지점이나 본점에 직접 찾아가 본인임을 확인하는 주민등록증 혹은 운전면허증 등의 신분증을 함께 제시해야 합니다. 또 입출금할 때 사용할 거래 인감도 갖고 가야 합니다. 일반 거래를 위한 계좌를 만들 때와 같죠?

이때 증권회사에서 잔고확인서를 요구하니 당황하지 마세요. 개인 투자자가 현재 거래하고 있는 투자 자금이 얼마이고 주식은 몇 주나 있는지를 알아보기 확인서일 뿐입니다. 이 역시 상식적으로 생각해 볼 때 당연한 일이죠. 돈을 빌려 주는데 아무것도 보지 않고 그냥 내줄 리는 없으니까요.

또 신용 거래 계좌를 만들 때 해당 증권회사 직원 중 누구에게 계좌 관리를 맡기겠냐고 물어보니까 미리 생각해 두는 것이 좋습니다. 하지만 이때 아는 사람이 없다고 당황할 필요가 전혀 없습니다. 맡길 만한 사람이 없으니 추천해 달라고 하면 관리자를 지정해 주니까 걱정하지 않아도 됩니다. 이보다 주의하고 명심할 점은 신용 거래 계좌를 설정하기 위해서는 신용거래설정보증금으로 100만 원을 입금해야 하므로 증권회사에 신용 거래 계좌를 만들러 가기 전에 100만 원 이상은 마련해 두어야 한다는 거죠.

신용 거래 계좌는 한 사람이 하나의 계좌만 개설할 수 있으며 미성년자나 신용 불량자는 만들 수 없습니다. 또 법인이나 국내에 거주하는 외국인을 포함한 외국인은 신용 거래 계좌를 가질 수 없습니다. 즉 외국인이나 법인이 아닌 순수하게 한국 국적을 가진 개인은 미성년자와 신용 불량자가 아니라면 누구나 특별한 제약 없이 신용 거래를 위한 계좌를 만들어 주식 투자를 할 수 있다는 이야기입니다.

그리고 한 증권회사에서 신용 거래 계좌를 만들었더라도 다른 증권회사에 가서 또 신용 거래 계좌를 만들 수 있습니다. 한 증권회사에서는 1인 1계좌만 허용하나 여러 증권회사를 통해 여러 개의 신용 거래 계좌를 만들 수 있다는 뜻입니다. 신용 계좌를 개설하기 위한 서류 양식은 증권회사마다 조금씩 다르지만, 크게 다르지 않으니 여러 증권회사에서 계좌를 여는 데 별 어려움은 없습니다.

신용 거래에는 어떤 비용이 얼마나 들까?

4

　신용 거래를 하는 경우 주식 구입 자금 외에 자금이 얼마나 필요할까?

　일반 주식 거래와 마찬가지로 신용 거래에는 위탁수수료와 세금이 붙는다. 물론 신용 거래를 할 경우에도 위탁수수료는 증권회사마다 약간씩 차이가 있다. 지금껏 누누이 이야기했지만 위탁수수료가 낮다는 것은 그만큼 차액에서 공제되는 금액이 적어져 이익이 많이 남는다는 것을 의미한다.

　주식을 팔 때의 세금에 대해서도 일반 주식 거래와 마찬가지다. 신용 거래라고 해서 특별히 세금을 많이 떼는 것은 아니므로 안심해도 된다.

　다만 신용 거래는 증권회사에게 돈을 빌리는 것이니 당연히 그에 해당하는 이자를 내야 하는데, 위탁수수료의 경우와 같이 이자율은 증권회사마다 다르다.

그림 71. 신용 거래에 필요한 비용

신용 거래라면 주가 침체와 관계없다!

5

　신용 거래는 증권회사에서 돈을 빌려 거래하는 것이라고 여러 차례 설명했다. 그리고 돈만 빌릴 수 있는 게 아니라 주식도 빌릴 수 있다. 현물 거래와 신용 거래에는 주식을 산 다음 파는 공통된 거래 방법이 있는데, 신용 거래는 그 반대의 거래가 가능하다. 다시 말해 신용 거래에서는 주식을 먼저 팔고 나서 되살 수 있다는 것이다. 이 경우에는 증권회사에서 팔고 싶은 주식을 빌려서 판 뒤 그것을 되사서 갚는다.

　그림 72의 ①은 현물 거래와 신용 거래, 모두에서 가능한 주식을 샀다가 파는 방법을 나타낸 것이다. 그림 72의 ②는 이와 반대로 a의 주가에 증권회사에서 빌린 주식을 판다. 그런 다음 b의 주가에 되사면 주가가 내려간 만큼 이익이 발생하는 것이다.

　이처럼 주가가 상승할 때는 샀다가 파는 방법으로, 주가가 하락할 때는 팔았다가 되사는 방법으로 돈을 벌 수 있다. 주가가 침체되어 주가가 오를 것 같은 종목을 좀처럼 발견하지 못하고 있던 때, 나는 신용 거래 덕분에 돈을 벌 수 있었다.

그림 72. 신용 거래를 통한 매매 방법

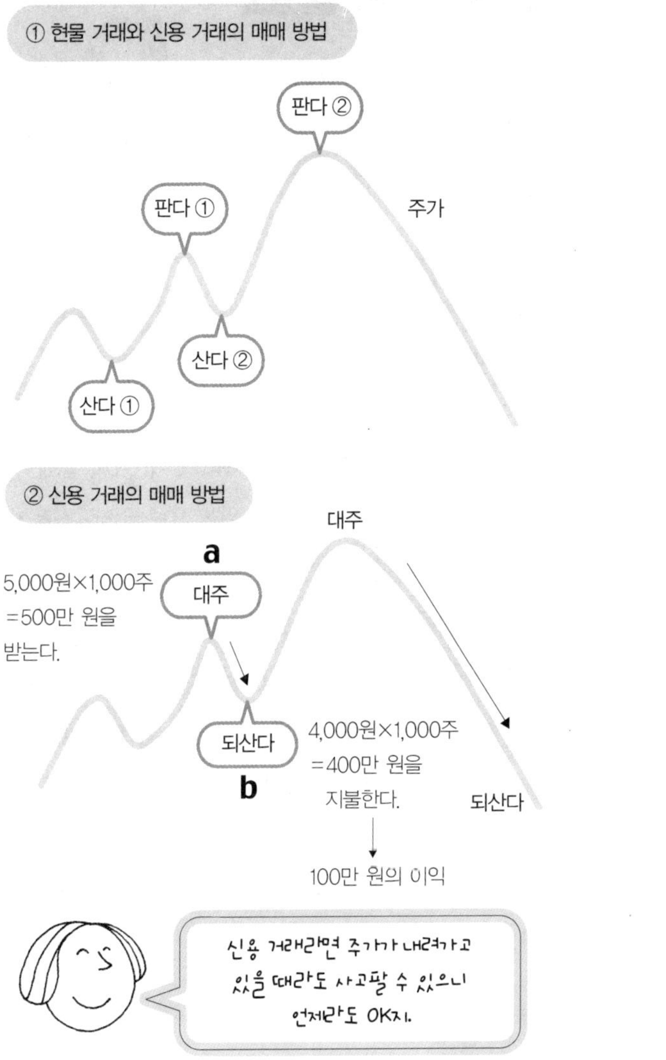

① 현물 거래와 신용 거래의 매매 방법

판다 ②

판다 ①

주가

산다 ②

산다 ①

② 신용 거래의 매매 방법

대주

5,000원×1,000주
=500만 원을
받는다.

a
대주

되산다
b

4,000원×1,000주
=400만 원을
지불한다.

되산다

100만 원의 이익

신용 거래라면 주가가 내려가고
있을 때라도 사고팔 수 있으니
언제라도 OK지.

신용 거래의 기초 지식 10가지 **229**

신용거래증거금이 크면 거래 금액도 커진다

일반인은 두려워하는 신용 거래지만 이 책을 읽고 있는 당신에게는 이제 상당히 매력적으로 보일 것이다. 여기에서 신용 거래에 있어서의 돈에 관해 좀 더 알아 두자.

신용 거래에서는 자기 자금을 담보로 한다고 했다. 다시 말해 이것은 증권회사가 당신에게 돈을 빌려 주기 위한 보증금으로 신용거래증거금이라고 부른다는 설명도 했다. 신용거래증거금의 금액이 크면 클수록 신용 거래에서 매매할 수 있는 금액 역시 커진다. 또한 거래할 수 있는 금액은 **신용거래증거금률**로 결정된다. 이미 언급했지만 신용거래증거금은 현금만이 아니라 갖고 있는 주식으로도 대신할 수 있다. 다만 주식의 경우 시가의 변화에 따라 평가 금액이 달라진다.

> *** 신용거래증거금률**
> 신용 거래에서 매매 대금에 대한 신용거래증거금의 비율. 증권관리위원회에서는 최소 40%로 규정하고 투자자가 신용 거래를 할 때 40% 이상을 신용거래증거금으로 내도록 하고 있다. 이 비율은 증권회사마다 다르다.

그림 73. 신용 거래의 담보, 신용거래증거금

신용 거래는 증권회사에서 돈을 빌리는 것이므로 담보가 필요해요.

담보 = 신용거래증거금

신용거래증거금 많다 ← → 신용거래증거금 적다

신용거래증거금이 많을수록 주식을 사고팔 수 있는 금액이 많아진다.

신용거래증거금률로 거래 가능한 금액이 결정되죠.

100만 원만큼의 거래를 부탁합니다.

그렇다면 일정한 비율의 담보가 필요합니다.

신용 거래의 기초 지식 10가지

애널리스트의 한마디

신용 거래에 따르는 조건들

신용 거래를 위한 조건들은 자율화되어 있어 증권회사마다 다릅니다. 따라서 저자의 조언대로 증권회사들이 제시하는 신용 거래 조건을 차근차근 조사해 유리한 곳을 선택하는 게 좋다는 건 말할 나위 없겠죠.

우선 신용거래증거금과 신용거래증거금률을 보도록 합시다. 증권회사는 투자자가 신용 거래를 하고자 할 때 신용거래증거금을 받습니다. 이때 신용거래증거금은 투자자의 매매 주문 수량×지정 가격(지정 가격이 없을 때는 그 당시의 시가)×신용거래증거금률로 계산해서 나온 금액 이상입니다. 그리고 신용거래증거금률은 신용 거래에 있어 투자자가 증권회사로부터 융자(돈을 빌리는 경우) 또는 대주(주식을 빌리는 경우)를 받을 때 납부하는 현금 또는 주식의 비율을 말하는 겁니다. 이것은 투자자가 보유하고 있는 주식의 활용도를 높여 주는 결과가 됩니다.

신용거래증거금은 급격한 시세 변동으로 인해 증권회사가 담보로 받은 주식이나 대주매각대금의 가치가 하락하거나 해당 고객이 의무를 불이행하는 사태에 대비하기 위한 것입니다. 또한 투자자가 신용 거래를 지나치게 이용하려는 것을 억제하는 수단이 되기도 합니다. 현재는 대부분의 증권회사가 신용거래증거금률을 50%로 하고 있으며 대용 주식은 인정하지 않고 있습니다. 즉 현금만 신용거래증거금으로 인정하는 거죠.

신용 거래 기간과 한도 역시 증권회사가 자율적으로 정하고 있습니다. 일부 증권회사는 신용 거래의 융자 기간을 최장 150일까지 하고 있으나 90일로 억제하고 있는 곳도 있습니다. 신용 거래를 위한 개인당 최고 융자 한도는 5억 원으로 정하고 있는 증권회사가 많습니다. 신용거래증거금률이 50%인 점을 감안하면 증권회사에서 돈을 빌려 최고 10억 원어치 주식을 신용으로 살 수 있는 셈입니다.

신용 거래에 따른 융자의 이자는 증권회사에 따라 그리고 기간에 따라 꽤 차이가 나는 편입니다. 따라서 신용 거래를 시작할 때 신용융자이자율을 세심하게 비교하여 가장 이자 부담이 적은 증권회사를 선정해 계좌를 만들고 거래하는 것이 유리하겠죠.

증권선물거래소에 상장되어 있는 거의 모든 상장 주식을 신용 거래를 통해 사고 팔 수 있으나 몇 가지 예외 종목들이 있습니다. 우선 투자자가 거래하는 증권회사가 발행한 주식은 해당 증권회사 창구를 통해 신용 거래로 살 수 없습니다. 이외에 이상 급등 종목, 관리 종목, 발행 주식이 10만 주 미만이거나 시가 총액이 30억 미만인 종목, 직전 회계 연도 당기 순이익이 적자이고 최근 20일 동안 100% 이상 상승한 종목 등도 신용 거래로 사고팔 수 없으니 주의해야 하죠.

증권회사가 대주 종목을 제한하는 경우가 많으므로 확인해 두어야 하는데, 증권회사가 자신의 돈으로 운용하는 상품 주식이 많아야 대주 종목이 다양하다는 점을 기억해 참고하도록 합시다.

단기 승부로 가자

7

    신용 거래는 느긋하게 마음먹고 기다리는 사람이 하면 큰 손해를 볼 가능성이 짙으므로 성미가 급한 사람에게 잘 맞는다.

    신용 거래는 마냥 할 수 있는 게 아니라 90~150일 정도로 기간이 정해져 있는데, 실제로 거래하고 있는 사람 가운데 그 기간 동안 주식을 갖고 있는 사람은 매우 적다. 대개는 1개월 안에 매매를 마치는 것 같다. 그 이유 중 하나는 돈을 빌리고 있는 경우, 즉 신용거래융자를 이용하는 경우 오랫동안 빌릴수록 이자가 들기 때문이다. 그러니 가능한 한 짧은 기간에 매매를 마쳐 증권회사에 주는 이자를 적게 하는 것이 현명한 방법이다.

    단기 매매를 권하는 또 하나의 이유는 적은 돈이라도 확실하게 이익을 확보하여 많은 거래를 한다는 것이다. 하나의 종목을 질질 끌며 오랫동안 갖고 있다고 그만큼 돈벌이가 되는 건 아니다. 1주일에 끝내겠다는 마음가짐으로 거래할 것을 권한다.

그림 74. 신용 거래에서 단기 매매가 유리한 이유

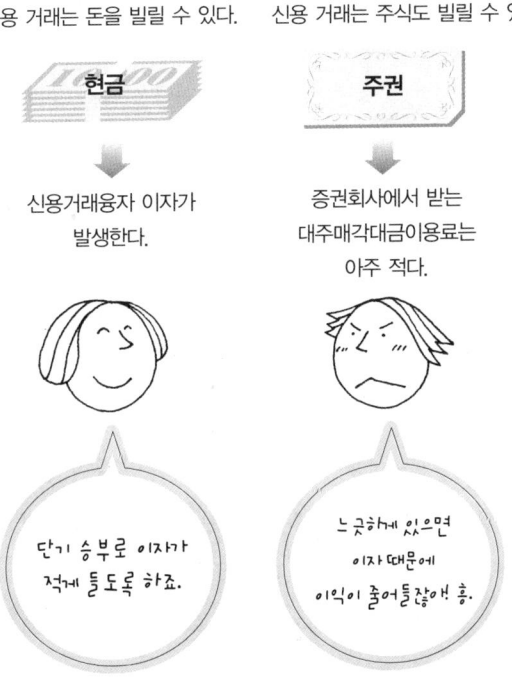

추가 담보에 조심하자

8

신용 거래를 하기 위해서는 담보로서 신용거래증거금이 필요하다는 사실쯤 이제는 외웠을 것이다. **추가 담보**란 신용 거래를 하던 중 이 증거금이 부족해져서 말 그대로 추가로 증거금을 넣는 것을 뜻한다. 증거금을 추가하지 않으면 그 거래는 끝내야 한다.

> *** 추가 담보**
> 신용 거래를 할 때 증권회사에 현금이나 주식으로 넣어 두는 신용거래증거금이 시세의 변동 등에 의해 필요액보다 적어진 경우 추가하는 것

담보가 부족해지는 경우는 돈일 때만이 아니다. 현금 대신 주식을 담보로 하고 있는 경우 역시 마찬가지인데 이때가 좀 더 귀찮다. 이것도 이미 외웠겠지만 주식의 시가는 항상 변동하게 마련이므로 주식을 담보로 했을 때 주가가 내려가면 담보는 자연히 줄어든다. 따라서 담보가 되는 신용거래증거금은 될 수 있는 한 현금으로 하는 게 바람직하며, 반대로 대부분의 담보를 주식으로 해두면 담보를 추가해야 할 가능성이 높아지므로 주의가 필요하다.

하지만 주식 투자는 주식을 거래하는 것이므로 계좌에 들어 있는 신용거래증거금과 현금이 주식으로 바뀌어 가는 게 당연한 일이다.

그림 75. 신용 거래에서의 추가 담보

신용 거래에서 가장 주의할 것은 담보가 줄어들어 추가해야 하는 일입니다.

주권 　주권을 담보로 넣어 두면 주가의 변동에 따라 담보 금액이 달라진다.

주가 올라간다. → 담보가 증가한다.
주가 내려간다. → 담보가 감소한다.

따라서 담보를 추가하는 일이 생기지 않도록 하기 위해서는 다음 2가지 사항을 지키면서 거래하자.

첫째 신용으로 거래할 수 있는 한도의 최대한까지는 돈을 사용하지 않도록 하고, 둘째 매매를 단기간으로 끝내고 주가 하락에 의한 담보의 감소를 방지한다.

애널리스트의 한마디

신용 거래에서는 이것들을 피하자

저자도 거듭 강조하고 있지만, 신용 거래를 할 때는 수익이 큰 만큼 위험이 뒤따르기 때문에 매우 조심스럽고 신중한 자세가 필요합니다. 신용 거래로 주식을 살 때 특히 유의해야 할 점은 추가 담보를 내지 않도록 하는 것입니다. 추가 담보가 발생하면 주식을 살 여윳돈이 그만큼 줄어들 뿐 아니라, 주가가 회복될 기미는 보이지 않고 계속 떨어지거나 신용융자금을 상환해야 할 시기가 되었으나 산 가격 밑에 머물면 큰 손실을 볼 우려가 존재하기 때문입니다.

앞에서 언급했듯이 담보 부족 여부를 판단하는 기준인 신용담보유지비율은 위탁수수료, 신용거래증거금률처럼 증권회사마다 각각 다르므로 이것도 반드시 짚고 넘어가야 할 부분입니다. 그러니 이 비율을 잘 알고 투자자 스스로 계산할 수 있다면 낭패 보는 일은 방지할 수 있겠죠.

만약 신용담보유지비율이 기준치 아래로 내려갔다면 발생일로부터 5일 안에 현금이나 주식 등 추가 담보를 거래하는 증권회사에 넣어야 합니다. 그렇지 않을 경우 6일째 되는 날 증권회사가 신용 거래로 사들인 주식을 강제로 팔아(반대 매매) 부족액을 메우기 때문에 큰 손실을 입을 수 있는데, 더욱이 주가가 폭락해 신용담보유지비율이 110% 이하로 내려가면 발생일 다음날 곧바로 반대 매매를 하므로 대단히 주의해야 합니다. 이런 일을 미연에 방지하는 가장 좋은 방법은 추가 담보가 필요 없을 종목을 엄선해 거래하는 것이죠.

알아 두면 유용할 몇 가지 공식은 다음과 같습니다.

- 신용융자금액 = 신용 거래로 산 주식 수 × 신용 거래로 산 주식 단가 × 신용거래 증거금률
- 신용거래담보금액 = 계좌에 있는 현금 + 대용 금액 + (신용 거래로 산 주식 수 × 당일 종가)
- 신용거래유지담보비율 = (신용거래담보금액 ÷ 신용융자금액) × 100
- 신용 거래의 담보부족액 = (신용융자금액 × 신용거래유지담보비율) − 신용거래담보금액

다음을 위해 손절매가 필요할 때도 있다

9

　일반 주식 거래, 곧 현물 거래만 할 때는 절대로 권하지 않는 것이 손절매다. 손절매는 이익이 남지 않음에도 불구하고 파는 것이라고 앞에서 설명했는데, 신용 거래에서는 어쩔 수 없이 손절매를 해야 할 때가 있다.

　현물 거래는 매매를 종료하는 기간이 따로 없는 데다가 돈을 빌리고 있는 것이 아니므로 이자를 지불하지 않는다. 그러나 신용 거래를 이용해서 사들인 주식은 오래 갖고 있으면 갖고 있을수록 이자 부담이 커지고, 게다가 기간 내에 매매를 끝내지 않으면 큰 손해를 보면서까지 강제로 신용융자금을 갚아야 할 때가 있다.

　종목을 잘못 선택해 도무지 올라갈 것 같지 않은 경우, 패배를 인정하고 싶지 않지만 손해가 한 푼이라도 적을 때 재빨리 팔아야 한다. 설령 손해를 입었다 하더라도 다음 번 주식 거래에서 이익을 얻어 만회하면 된다. 손절매는 다음 주식을 사서 돈을 벌기 위해 필요한 것이라고 생각하여 과감하게 감행하자.

그림 76. 손절매의 필요성

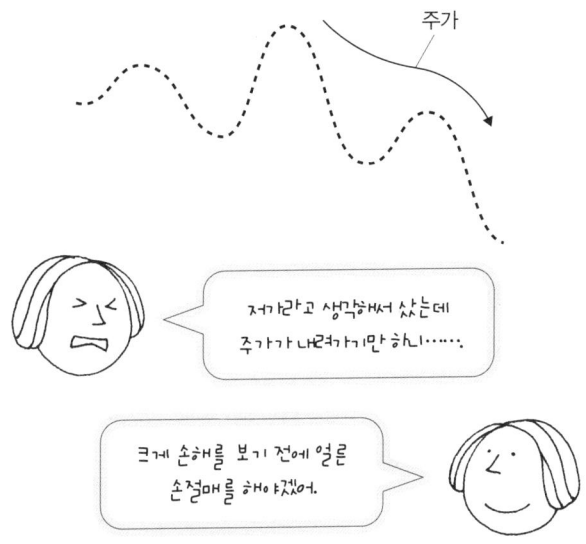

손절매 → 이익이 감소 → 다음 매매로 → 이익은 크게

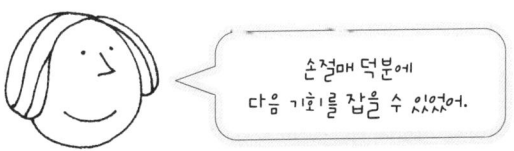

신용 거래에서 배당 투자를 하는 방법

10

　신용 거래는 현물 거래와 마찬가지로 배당 투자를 통해 이익을 최대화할 수 있다. 단기 매매를 좋아하는 투자자는 짧은 시간에 여러 번 사고팔아 캐피털 게인으로 돈을 벌기 위해 신용 거래를 이용하는 경우가 많다. 중·장기 투자를 하는 사람들은 주가가 올라갈 가능성이 큰 주식을 골라 신용 거래로 사들인 뒤 기다리는 전략으로 밀고 나가는 경향이 있다.

　그런데 주식 거래로 돈을 버는 방법에는 배당이라는 게 있다는 이야기를 기억할 것이다. 나는 전부터 배당을 노리는 투자를 즐겨 했고, 신용 거래로 변경한 지금도 변함없이 좋아하고 있다. 다만 일반 거래, 즉 현물 거래를 할 때보다 더 단기간 안에 매매를 끝내므로 배당을 위한 작전을 세우고 있다. 여기에서 배당을 노리는 간단한 투자 전략을 설명해 보겠다.

　그것은 바로 결산기가 임박한 종목 가운데 상승 추세를 타고 있으면서 배당금을 많이 주는 기업의 주식을 신용 거래로 사는 것이다. 현물 거래로 사는 것보다 훨씬 많은 수의 주식을 보유하게 되어 그

그림 77. 신용 거래에서의 배당 투자

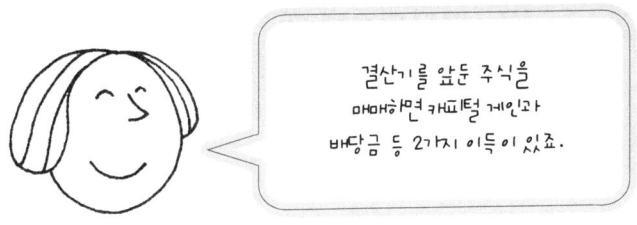

만큼 이익을 더 낼 수 있다. 정말 쉽고 간단한 방법이다.

이렇게 하면 배당금을 받을 수 있는 데다 주가가 상승 추세이기 때문에 캐피털 게인, 즉 차이까지 얻을 수 있으니 그야말로 일거양득이 아닐 수 없다.

각 기업의 결산 시기는 주식 투자 관련 인터넷 사이트를 통해 얼마든지 조사할 수 있다. 증권회사들이 결산기를 앞둔 회사별로 전해의 배당금이나 올해의 예상 배당금을 분석한 보고서를 참고하면 크게 도움이 된다.

6 그래도 돈은 번다!
일상생활과 주식 투자 생활

1 하루에 40분만 있으면 주식 거래를 할 수 있다 | 246 |

2 신문을 읽지 않는다, 공부를 하지 않는다, 그래도 돈은 번다 | 250 |

3 운과 시간이 없으면 대박 주식은 발굴하지 못한다 | 257 |

하루에 40분만 있으면 주식 거래를 할 수 있다

1

제5장까지 읽고 '이런 거라면 나도 할 수 있을 것 같은데'라고 생각했는가? 아니면 '정말 이렇게만 한다고 돈을 벌 수 있을까?' 하고 미덥지 못한 느낌이 들었는가?

의문과 불신을 없애고 여러분을 안심시키기 위해 대단하지는 않지만 나의 일상생활을 보여 주겠다.

나는 아침에 일찍 일어나는 것만큼은 자신 있어 자명종의 도움을 거의 받지 않는다. 가끔 남편이 출장을 갈 때처럼 무슨 일이 있어도 일찍 일어나야 하는 날에는 자명종을 사용하기는 한다. 그런데 자명종이 울리기 1~2시간쯤 전부터 '시계가 정말 울까?' '혹시 시간을 안 맞추어 놓은 건 아닐까?' 하고 몇 번씩 시계를 확인하느라 깨는 바람에 깊은 잠을 자지 못해 수면 부족이 되고 만다. 그래서 '늦잠을 자도 하는 수 없지 뭐' 하고 시계에 의지하지 않으면 잘 자고 개운하게 저절로 일찍 일어나진다.

왜 이 이야기를 꺼냈느냐 하면 주식 투자에서 성공하려면 아침에 일찍 일어나는 것이 매우 중요하기 때문이다. 일어나면 곧장 텔레비전의 스위치를 켠다. 아침밥을 짓고 다림질을 하느라 제대로 보지 못하지만 계속 켜둔다. 매일 아침 대개 5시쯤에 일어나기 때문에 그날의 최신 뉴스, 특히 미국 주식 시장의 동향을 본다. 사실은 거실의 텔레비전 앞을 왔다 갔다 하면서, 그리고 부엌에서 식사 준비를 하면서 뉴스를 토막토막 듣는 정도지만 말이다.

그러고 나서 조금 한가해지면 컴퓨터를 켠다. 우리 집 컴퓨터는 인터넷을 연결하면 일기예보로부터 뉴스까지 알 수 있는 사이트가 열리도록 설정해 두었다. 여기에서도 뉴스를 일일이 읽어 보는 것이 아니라 시각적으로 한눈에 들어오는 뉴스의 타이틀이나 사진, 그림 등을 훑어볼 뿐, 자세한 내용을 읽을 여유가 없다.

그렇게 하다 보면 어느새 7시가 되고 남편과 두 아이가 일어날 시간이다. 그러면 우리 집은 돌연 소란스러워진다. 세 살 난 아이는 안아 달라며 한시도 품에서 떨어지지 않으려 하고, 한 살 난 아이는 알아듣지 못할 소리를 웅얼거리며 돌아다니다가 식탁에 매달리고, 나는 서둘러 식탁을 차린다.

식사를 마친 큰아이가 텔레비전에 넋을 잃고 있는 동안 작은아이에게 밥을 먹이며 같이 아침 식사를 한다. 그러고 나서 8시에 큰아이에게 옷을 입히고 8시 10분에는 유치원 버스를 태우러 나가야 한다. 그동안 작은아이를 봐주던 남편은 내가 집에 돌아오면 서둘러 출근 준비를 하고, 남편을 배웅하고 나면 한숨을 돌리고 9시가 된다.

그때야 작은아이를 안고 컴퓨터 앞에 앉아 내 계좌가 있는 증권회사의 사이트에 들어간다. 한시도 가만히 있지 않는 아이를 발 아래에 앉힌 다음 장난감을 주고 "잠깐만, 잠깐만" 하고 달래면서 전날 밤 목표를 세워 둔 몇몇 종목을 체크한다.

'차트는 좋군.'

이렇게 하여 전날 밤에 미리 생각해 놓은 종목들 중에서 범위를 좁혀 매수 주문을 한다. 여기에 소요되는 시간이 40분이다. 이 40분 동안에도 계속 컴퓨터 화면과 눈싸움을 하기는커녕 중간중간 아이를 어르고 차를 마시느라 완전히 집중해 있을 틈이 없는 게 보통이다. 게다가 이 40분 동안 전에 사놓은 주식을 파는 매도 주문도 한다.

주식을 거래하는 시간에 맞추어 컨디션을 조절한다

많은 사람이 주식을 팔 때 가격은 어떻게 결정하느냐는 질문을 해 온다. 나의 대답은 **어떤 종목을 사려고 할 때 처음부터 이 정도 오르면 판다는 계획을 세워 둔다**는 것이다. 또 실제로 사들인 주식은 죽 지켜보며 얼마 이상이 되면 팔겠다고 정한 다음 당일 아침 시세 정보를 보고 팔릴 것 같다고 판단될 때 매도 주문을 내서 판다.

일반적으로 사람은 대개 눈이 떠지는 것과 뇌가 깨는 것 사이에는 시간차가 있다. 뇌는 눈이 떠진 다음부터 서서히 기능하기 시작하여 잠자리에서 일어난 지 3~4시간 후 가장 활발하게 움직인다. 나는 아침에 일찍 일어나는 버릇이 있어 9시경 두뇌 회전이 가장 잘되므로 그 시간이 되어야 주식을 사거나 팔 타이밍을 읽고 결단을 내리는 능력을 발휘할 수 있다. 여러분도 주식을 거래하는 **시간에 두뇌는 물론 몸의 컨디션이 최고조가 되도록 조절하는 게 좋을 것이다.**

아무튼 이렇게 매매 주문을 하고 나면 이쯤에서 컴퓨터의 스위치를 끈다. 다음에는 여느 전업 주부와 똑같이 식사를 준비하고 빨래를 널고 청소기를 돌리며 집안일을 오전에 대충 끝낸다.

장을 볼 겸해서 공원에 가 작은아이와 놀다 날씨가 좋으면 공원에서 도시락을 먹는다. 장을 보고 산책에서 돌아오면 12시 30분쯤 되고 다시 텔레비전과 컴퓨터에 전원을 넣는다. 이때 아이가 피곤해서 낮잠이라도 자주면 그날은 운이 좋은 날이어서 느긋하게 주식 시세를 볼 수 있지만, 대개 집에 돌아오는 길에 유모차 안에서 잠이 들기 때문에 집에 도착한 순간 기운이 넘친다.

컴퓨터를 켠 다음 증권회사의 사이트에 들어가 화면을 열어 둔다. 그날 산 주식은 다음날 이후에 파는 것을 원칙으로 하고 있지만 차액이 큰 경우, 다시 말해 예상보다 이익이 큰 경우에는 당장 매도 주문을 낸다. 사실 이때 역시 컴퓨터 앞에 앉지 못하고 아이와 놀면서 흘끔흘끔 곁눈질로 볼 뿐이다.

'와, 많이 오르고 있네.'

이런 때는 아이에게 1분만 시간을 얻어 거래를 한다. 그러고 나면 컴퓨터의 전원을 아예 끈다. 자명종과 마찬가지로 컴퓨터는 켜두면 신경이 쓰여 집안일을 소홀히 하고 아이와 놀 때 자꾸 한눈을 팔기 때문이다. 더구나 이 시간이 되면 슬슬 간식을 준비해서 2시가 넘어 돌아오는 큰아이를 데리러 나가야 한다. 그리고 그 이후 밤에 아이들이 잠들 때까지 주식에 대해서는 보지도 듣지도 생각하지도 않기로 하고 있다.

밤에는 남편과 함께 다음날을 위한 작전 회의

그날그날 다르지만 아이들이 잠드는 시간은 저녁 8시쯤이다. 남편이 그 무렵 돌아오지만 나는 아이들을 재우다 같이 잠들곤 한다. 10시 정도 눈을 뜬 내가 "어, 당신 언제 왔어? 저녁은?" 하고 묻고, 남편이 "냉장고에 있는 반찬과 냄비에 있는 걸 데워 먹었어" 하고 대답하는 일이 심심찮게 있다.

그 다음에는 커피를 마시고 텔레비전을 보며 세상 돌아가는 이야기를 나누다 컴퓨터가 있는 방으로 자리를 옮겨 컨비니언스 테이블과 차트를 보면서 남편과 이런 말을 주고받는다.

"여보, 있잖아, 이거 슬슬 올라갈 거 같지 않아?"

"응. 그래."

"내일은 주가가 내려갈 것 같아."

"응. 그래."

"이 차트를 보고 사야겠어."

"응. 그래."

"졸린다."

"응. 그래."

이렇게 나의 하루는 끝난다.

2. 신문을 읽지 않는다, 공부를 하지 않는다, 그래도 돈은 번다

나는 초등학교부터 대학까지 16년 동안 학교를 다니며 한 번도 성적이 우수하다는 말을 들은 적이 없다. 그 이유는 공부를 싫어하는 데다가 공부를 하지 않았기 때문이다.

그것은 어른이 되고 나서도 변하지 않아 연구원 시절과 교사 시절 짧은 시간에, 효율적으로, 될 수 있으면 공부하지 않고 해갈 수 있을까에 온통 관심을 두고 있었을 정도다. 다만 직업의 세계에서는 노력 없이 버틸 재주가 없어 종종 학창 시절의 교과서를 펼쳐 보거나 참고서를 사며 안간힘을 썼다.

나는 지금까지 살아오면서 은사로 여기고 있는 선생님이 두 분 계신다. 한 분은 고등학교 시절 화학을 가르쳐 주신 선생님이고, 또 한 분은 졸업 논문의 지도 교수님이다.

고등학교 때 화학 선생님은 전혀 화학을 못하던 내게 참고서를 주고 방과 후 자상하게 가르쳐 주셨다. 그때 선물로 받은 참고서는 도저히 고등학생용이라고는 생각할 수 없을 만큼 글씨가 크고 그림이 많아 완전히 그림책 같았다. 참고서 안의 문제는 모르면 책 뒤에 있는 해답을 베껴도 좋다고 해서서 그 말에 따라 거의 해답을 옮겨 적었다.

선생님은 베껴 쓴 답을 채점하며 "아주 잘했구나. 이렇게 하니까 되잖니"라며 부끄러울 정도로 칭찬을 아끼지 않으셨는데, 나는 거기에 힘입어 드디어 화학을 잘할 수 있을 거라는 생각을 하게 되었다. 잘하게 될 거라고 생각하니 그렇게 싫던 화학이 점점 좋아져 참고서를 읽는 것이 더 이상 괴롭지 않게 되더니 참고서가 아닌 추리소설이라도 읽는 것처럼 느껴졌다.

나는 무언가 새로운 일을 시작할 때 이 시절을 떠올리며 가능한 한 쉽게 설명된 관련 서적을 교과서 삼아 읽는 버릇이 있다. 그리고 주식을 시작했을 때도 그랬지만 작은 일에도 '거봐 잘하잖아. 잘했어'라고 스스로 칭찬하며 의욕을 불사른다.

가장 쉬운 책을 전부 이해한다

또 한 분의 은사는 특별히 무언가를 가르쳐 준 기억은 없으나, 사물을 대하는 자세가 존경스러워 졸업을 한 후 지금까지 계속 만나고 있다. 자동차를 좋아하고 여자를 좋아하고 술을 좋아하는 어디서나 흔히 볼 수 있는 소탈한 중년 남성이지만, 사람을 겉만 보고 차별하지 않고 권력에 무조건 머리를 숙이지 않는 분이다.

한번은 그 은사가 "유기화학 책을 처음부터 끝까지 읽은 적이 있나?" 하고 학생인 내게 물으셨다. 나는 일단 고등학교 때 배우기는 했기에 있다고 대답했다. 그러자 "그게 아니야. 읽는다는 건 이해한다는 거지. 단 한 권이라도 전부 이해하며 끝까지 읽으면 그 분야를 모두 이해할 수 있거든" 하고 말씀하셨다.

그 무렵의 나는 도무지 무슨 뜻인지 알아듣지 못했다. 그러나 사회인이 되고 나서 비로소 그 말씀을 이해하고 실천할 수 있었다. 단 한 권이라도 그것을 완전히 이해한다면 100권의 책을 훑어보는 것보다 훨씬 많은 지식과 응용력을 익히게 된다는 사실을 깨달았다.

그래서 나는 새로운 것에 도전할 때면 늘 그것에 관련된 책을 최소한 한 권은 속속들이 이해하면서 찬찬히 읽는다. 이 책의 처음에서 말했지만, 주식 투자를 시작하기 전에 여섯 권의 책을 구입했다. 물론 모두 읽었고 그중에서 가장 쉬운 책은 죄다 이해하도록 했다.

컴퓨터로 검색하면 표시되는 이동평균선을 그려 보고 평균 주가를 계산해서 구해 보았다. 이런 것들을 매일 일일이 계산하고 있노라면 주식을 거래할 시간이 없어지므로 '이런 식으로 계산하는 것이구나' 하고 알아 두기만 하면 된다. 다만 실제로 이동평균선을 그리고 평균 주가를 산출하는 방법까지 제대로 익히지 않으면 어쩐지 마음이 개운치 않고 진짜로 이해했다고 말할 수 없으므로 해본 것뿐이다.

그때의 감상을 말하면 '와, 힘들다. 이렇게까지 할 필요가 없는데' 하는 것이었다. 이동평균선 등 주식 거래에 필요한 자료들은 스스로 직접 계산하지 않아도 증권회사 사이트나 주식 관련 사이트에 일목요연하게 정리되어 있기 때문이다.

그림 78. 한 권 책의 효용

정보가 넘쳐 나면 좋은 결과를 얻을 수 없다

좀 다른 이야기인데, 주식에 대한 정보를 수집하는 데에는 여러 방법이 있다.

나 역시 다른 사람들과 마찬가지로 주식을 시작하고 1년 동안은 경제 신문을 열심히 읽었다. 또 서점에서 『머니○○』 『투자○○』 같은 제목의 책은 눈에 띄는 대로 빠짐없이 구입했고 여성지에 주식 투자 특집이 있으면 닥치는 대로 샀다. 이렇게 해서 얻은 효과를 설명하기 전에 한 번 더 대학 시절 이야기를 하겠다.

내가 다닌 학부에는 물리화학이 1에서 3까지 있었는데, 과의 반수 이상이 한 번쯤은 시험에서 떨어진 경험이 있을 정도로 어렵기로 유명했다. 나 또한 예외는 아니어서 그 대열에 끼었었다. 시험은 많아야 세 문제밖에 출제되지 않으니까 한 문제를 놓치는 것은 시험에서 떨어지는 것을 의미했다.

그런데 시험 시간에는 무엇을 갖고 들어가도 상관없었다. 나는 시험 때마다 책꽂이가 필요할 정도로 엄청난 양의 참고서에, 과에서 가장 성적이 좋은 친구의 노트를 몽땅 복사한 것과 두툼한 과거의 시험 문제 복사집까지 갖고 들어가 시험을 치렀다.

결과는 재시험에 재재시험이었다. 근본적인 이유야 원래 물리화학을 잘 못하는 데 있었으나, 깔려 버릴 만큼 지나치게 많은 자료를 갖고 들어간 것이 원인이었다.

처음 주식 투자를 할 때도 똑같이 하는 바람에 방대한 양의 정보를 훑어보느라 매일 지쳤다. 더욱이 모든 정보의 내용이 일치하고 있으면 좋을 테지만, 때로는 반대 의견이 씌어 있어 당황하지 않을 수 없는 경우가 종종 있었다. 공부를 잘하는 사람의 노트를 복사하는 것으로 안심하듯이 항상 많은 정보의 출처를 갖고 있다는 사실에 안심해서 효율적으로 이용하지 못하는 실정이었다.

그래서 어느 날 정보의 출처를 과감하게 정리했다.

'신문은 읽지 않는다. 우연히 눈에 들어온 제목 정도면 충분하다. 주식 관련 잡지는 사지 않는다. 나의 정보 수집원은 텔레비전을 틀어 놓고 있다 귀에 들어오는 뉴스다. 이나마 진지하게 보는 것이 아니라 우연히 흘려듣는 정도지만 말이다. 그리고 인터넷을 정보를 얻는 중요한 수단으로 삼는다. 그러나 인터넷에서 정보를 얻는 출처를 몇 가지로 압축해 10분 정도 면 모두 볼 수 있는 양으로 제한한다. 그

그림 79. 정보는 적당히 억제

밖에 시간이 나면 주가 차트를 본다.'

나는 이렇게 나만의 룰을 만들었다. 그후 어떻게 되었을까?

정보의 출처를 대폭 축소해서 신문과 잡지는 읽지 않고 특별히 공부도 하지 않는데, 대량의 정보를 갖고 있던 때보다 한층 능률적으로 정보를 이용하여 주식 거래에서 좋은 결과를 낳게 되었다. 또 어렵고 귀찮게 여겨지는 것은 하지 않으니까 매일처럼 주식 거래를 해도 별로 괴롭지 않다.

여러분도 매일 혹은 오랫동안 주식 거래를 계속해 갈 작정이라면 자료에 파묻히지 않도록 해야 한다. 다만 내가 유기화학 책 한 권을 완전히 이해하며 읽었듯이 주식 책 한 권은 꼼꼼하게 읽는 것이 조건이다.

3. 운과 시간이 없으면 대박 주식은 발굴하지 못한다

세상에는 한 푼 두 푼 모으느니 차라리 일확천금을 노리겠다고 생각하는 사람이 의외로 많다. 하나 사실 서민은 착실하게 돈을 모아도 큰 돈을 만들기 어렵다.

그러나 주식 세계에서는 일확천금파보다 착실파가 대성공을 거둔다. 물론 거래하던 종목의 주가가 놀랄 정도로 급상승하여 큰 차익을 남겨 집과 별장까지 짓는 사람도 있을 테지만, 서민에게는 일어날 가능성이 거의 없는 일이다. 왜냐하면 아무리 주가가 뛰어올라도 자금을 1,000만 원 가진 서민이 그 돈을 몽땅 주식에 털어 넣어 2배가 되어 봤자 2,000만 원이다. 별장은 말할 것 없고 내 집 장만조차 무리다.

여기에서 알 수 있듯이 주가 급등으로 큰 돈을 번 사람의 첫 번째 조건은 밑천이 되는 자기 자금 자체가 큰 돈이어야 한다는 것이다. 그리고 이같이 대박이 될 주식을 발굴하기 위해 정보란 정보는 샅샅이 뒤지고 주식 시장의 모든 종목을 조사하면서 몇 안 되는 대어 주식을 찾아내야 한다. 이것은 엄청난 노력과 시간을 요구하는 일이다.

요행히 발견했어도 '좀 더 기다리면 더 나은 게 있을 거야' 하며 욕심을 부리다 마침내 큰 손해가 날 가능성마저 있다. 그렇다면 차라리 매일 착실히 몇만 원씩이라도 차곡차곡 버는 편이 훨씬 낫다.

주식 투자에서 성공을 거두려면 '매일' 또한 중요한 키워드다. 대박을 노려 한 달에 한 번 주식 거래를 하는 것보다 한 달 동안 매일 거래하는 게 경험이 된다. **주식 투자는 특별한 재능이 없어도 할 수 있는 일로서, 정보를 적절하게 구사하여 타이밍을 잘 맞추어 사고팔면 누구에게나 돈을 벌 찬스가 찾아온다.**

풍부한 경험은 정보를 잘 이용하는 데에도 타이밍을 가늠하는 데에도 반드시 도움이 되는 법이다.

집에 있으면서 겨우 40분밖에 일하지 않고 오로지 주식 거래만으로 아르바이트를 해서 받는 일급 이상의 수입이 손에 들어온다. 더욱이 최근에는 주식 거래를 도와주는 도우미가 있어 수입이 2배가 되었다. 그 도우미는 바로 자동 매매 프로그램이니 원하는 사람은 누구나 도움을 받을 수 있다. 집안일하랴 아이 돌보랴 정신없는 나는 앞으로도 주식 투자만은 여유를 갖고 즐길 것이다.

그림 80. 일확천금의 대박 주식 발굴은 불가능

옮·긴·이·의·글

우리와 같은 동기와 같은 출발선에서 시작해 주식 투자에 성공한 아줌마 투자자

일본에서 출간되고 있는 책들을 훑어보면 작년 가을 이후 주식에 관한 책이 눈에 띄기 시작하더니 올해 들어서는 부쩍 많아졌다. 그 중에서도 이 책의 저자 야마모토 유카의 이름이 유난히 여기저기에 많이 등장하고 있다. 야마모토 유카는 현재 일본 출판계에서 대단한 인기를 누리고 있다고 한다. 몇 년 전부터 책을 내고는 있었으나, 이 책 『아줌마가 3억 벌었어?』(원제는 '주식으로 3000만 엔 번 나의 방법'이다)가 출판된 후 매스컴에 전업 주부 투자자로 소개되면서 불과 몇 달 만에 책이 40만 부 이상 팔려 나갔고 올해에도 여러 권의 책이 나왔다. 그뿐 아니라 투자자들을 위한 세미나와 강연 활동을 활발하게 있고 매번 성황을 이루고 있으며, 심지어는 비디오와 DVD까지 판매되고 있을 정도다.

그렇다면 그녀가 그렇게 인기를 모으는 이유는 무엇일까? 이 책을 읽은 사람이라면 어렵지 않게 짐작할 것이다. 여기에서 다시 한 번 간단하게 말하자면 우리와 같은 이유로 주식 투자를 시작했고 우리와 같은 출발선에서 시작했다는 것이다. 여태껏 출간된, 그리고 지금 출간되고 있는 주식 투자에 관한 책들은 일본이나 우리 나라나 모두 전문가들이 쓴 것들 일색이다. 애널리스트, 전문 투자자, 경제 전문가 등이 쓴 책이어서 첫 단추부터가 일반인, 서민과는 다를 수밖에 없다. 그들이 '이런 것쯤이야' 하고 여기는 기초 지식이 우리에게는 고도의 지식인 것이다.

그러나 야마모토 유카는 주식 투자를 시작한 동기가 우리와 똑같고 주식 투자에 관한 지식 또한 우리와 똑같은 수준에서 출발해서 성공을 거둔 투자자다.

앞날을 보장받을 수 없는 직장 생활과 불황 때문에 장래에 불안을 느낀 것, 그리고. 직장 생활을 하다 결혼과 동시에 전업 주부가 되고 나서 돈이 아쉬워진 직접적인 동기는 정말 누구나 공감할 터이다. 그렇다고 주부가 아이들과 살림을 몰라라 하며 밖에서 일하고 돈 버는 일만 마냥 찾을 수는 없다. 게다가 아이들을 어느 정도 키우고 나서 막상 일하려고 하면 아줌마가 된 여성에게 주어지는 일이라는 게 대부분 백화점이나 대형 마트의 파트타이머다. 그리고 그 수입은 일하는 시간과 강도에 비해서는 적다. 그러니 집에 있으면서 돈을 벌 방법이 없을까 하고 머리를 쥐어짜게 되는 건 일본의 아줌마나 한국의 아줌마나 똑같다. 또한 일본의 아줌마 야마모토 유카가 주식 투자를 시작할 때 애초부터 대단한 지식과 경험을 갖추고 있었던 게 아니라는 점 역시 우리와 똑같다.

나는 이 책에서 저자가 하는 많은 말들에 공감했지만, 특히 주식 투자로 큰 돈을 벌 생각을 하지 말고 백화점에서 아르바이트해서 받는 일급보다만 많으면 만족하자는 말이 가장 인상적이었다. 이 말을 명심하면 어떤 초보 투자자나 여유를 가질 수 있고 안심이 될 것이다. 항상 과욕이 화근이 아닌가.

내가 어린 시절 아버지는 지금은 없어진 시중 은행의 주식을 갖고 계셨다. 그 은행은 당시에는 영업 실적이 좋아서 해마다 배당금과 신주를 나누어 주었다. 그런데 무슨 생각에서였는지 아버지는 우리 형제 가운데 배당을 알리는 우편물을 먼저 발견한 사람이 배당금을 차지하는 데 눈감아 주셨다. 그래서 그 시기가 되면 우리는 서로 먼저 차지하려고 우편집배원 아저씨가 오는 시간에 온 신경을 쓰곤 했다. 그래서 나도 그 은행의 본점으로 딱 한 번 배당금을 찾으러 갔던 경험이 있다. 또 증권회사의 객장에 따라가 빨간 글씨, 파란 글씨를 신기하게 보았던 기억도 있다.

이렇게 어려서는 주식과 가까이 있었으나 정작 성인이 되어서는 전혀 무관하게 지내 왔다. 이제 야마모토 유카의 방법에 따라 나도 한번 시도해 볼까?

민성원

부록

알아두면 유용한 인터넷 사이트

알·아·두·면 유·용·한 인·터·넷 사·이·트

| 증권회사 |

교보증권	http://www.iprovest.com
굿모닝신한증권	http://www.goodi.com
대신증권	http://www.daishin.co.kr
대우증권	http://www.bestez.com
대한투자증권	http://www.daetoo.com
동부증권	http://www.winnet.co.kr
동양오리온투자증권	http://www.tongtus.com
동양종합금융증권	http://www.myasset.com
리딩투자증권	http://www.leadingkorea.com
메리츠증권	http://www.imeritz.com
미래에셋증권	http://www.miraeasset.com
부국증권	http://www.bookook.co.kr
브릿지증권	http://www.bridgefn.com
비엔지증권중개	http://www.bngsec.com
삼성증권	http://www.samsungfn.com
서울증권	http://www.seoulstock.co.kr
세종증권	http://www.sejongiz.com

신영증권	http://www.shinyoung.com
신흥증권	http://www.shs.co.kr
씨엘에스에이코리아증권	http://www.clsa.com
에스지증권	http://www.sgcib.com
우리투자증권	http://www.wooriwm.com
유화증권	http://www.yhs.co.kr
이트레이드증권	http://www.etrade.co.kr
제이피모간증권	http://www.jpmorgan.com
키움닷컴증권	http://www.kiwoom.com
푸르덴셜투자증권	http://www.prucyber.com
피데스증권중개	http://www.fides.co.kr
하나증권	http://www.clickhana.co.kr
한국투자증권	http://www.truefriend.com
한누리투자증권	http://www.hannuri.com
한양증권	http://www.hygood.co.kr
한화증권	http://www.koreastock.co.kr
현대증권	http://www.youfirst.co.kr
현대투자신탁증권	http://www.yescyber.co.kr
CJ투자증권	http://www.cjcyber.com
KGI증권	http://www.kgieworld.co.kr

SK증권   http://www.webtrade.co.kr

| 은행 |

국민은행   http://www.kbstar.com
기업은행   http://www.kiupbank.co.kr
신한은행   http://www.shinhan.com
외환은행   http://www.keb.co.kr
우리은행   http://www.wooribank.com
제일은행   http://www.kfb.co.kr
조흥은행   http://www.chb.co.kr
하나은행   http://www.hanabank.co.kr
한국씨티은행   http://www.citibank.co.kr

| 투자신탁 및 기타 금융 기관 |

교보투자신탁운용   http://www.kyoboitm.co.kr
금호종합금융   http://www.ekumhobank.com
대신투자신탁운용   http://www.ditm.co.kr
동부투자신탁운용   http://www.dongbuitm.com
동양투자신탁운용   http://www.tongyangfund.com
신영투자신탁운용   http://www.syfund.co.kr

신한BNP파리바	http://www.shinvest.co.kr
우리자산운용	http://www.lgfunds.com
조흥투자신탁운용	http://www.chbi.co.kr
태광투자신탁운용	http://www.tkit.co.kr
프랭클린템플턴투신운용	http://www.franklintempleton.co.kr
한불종합금융	http://www.kfbc.co.kr
한일투자신탁운용	http://www.hitmc.co.kr
CJ자산운용	http://www.cjfund.com
KB자산운용	http://www.kbam.co.kr

| 관련 기관 |

금융감독위원회	http://www.fsc.go.kr
재정경제부	http://www.mofe.go.kr
증권예탁결제원	http://www.ksd.or.kr
코스닥시장	http://www.kosdaq.or.kr
한국기업평가	http://www.korearatings.com
한국선물협회	http://www.kofa.or.kr
한국신용평가정보	http://www.kisinfo.com
한국증권선물거래소	http://www.krx.or.kr
한국증권전산	http://www.korea-stock.com

한국증권협회 http://www.ksda.or.kr

| 연구소 |

대신경제연구소 http://www.deri.co.kr
대우경제연구소 http://www.dweri.re.kr
삼성경제연구소 http://www.seri.org
LG경제연구원 http://www.lgeri.co.kr

| 경제 신문 · 방송국 |

동아경제신문사 http://www.daenews.co.kr
매일경제 http://www.mk.co.kr
매일경제TV(MBN증권뉴스) http://mbn.mk.co.kr
머니투데이 http://www.moneytoday.co.kr
서울경제신문 http://economy.hankooki.com
이데일리 http://www.edaily.co.kr
제일경제신문 http://www.jed.co.kr
파이낸셜뉴스 http://www.fnnews.com
한국경제 http://www.hankyung.com
한국경제TV(와우TV) http://www.wowtv.co.kr
한국금융신문 http://www.fntimes.com

| 한국증권신문 | http://www.k-stock.co.kr |
| 헤럴드경제 | http://www.heraldbiz.com |

| 해외 신문 · 방송국 |

니혼게이자이신문	http://www.nikkei.co.jp
블룸버그	http://www.bloomberg.com
월스트리트저널	http://online.wsj.com
파이낸셜타임스	http://news.ft.com
포브스	http://www.forbes.com
포춘	http://www.fortune.com

| 해외 주식 시장 |

나스닥	http://www.nasdaq.com
뉴욕증권거래소	http://www.nyse.com
도쿄증권거래소	http://www.tse.or.jp
홍콩증권거래소	http://www.hkex.com.hk

| 투자 관련 사이트 |

네오머니 http://www.neomoney.co.kr

 자산 관리 시스템과 재테크에 관한 정보를 서비스하며 출장 상담, 방문

상담 서비스도 제공한다.

드림에셋   http://www.dreamasset.co.kr

시황 정보, 투자 전략, 종목 분석, 기업 분석 등의 정보를 제공한다.

머니스톡   http://www.moneystock.net

투자 성향, 분산 투자 모델, 금융 상품, 추천 종목, 세금 등의 콘텐츠를 갖추고 있다.

솔론   http://www.solon.co.kr

증권회사 분석, 종목, 추천, 종목, 시세 등의 정보를 제공하고 증권 방송, 메신저 서비스도 한다.

슈어넷   http://www.surenet.co.kr

투자 전략, 전문가 컨설팅, 종목 추천 진단 등의 콘텐츠가 있으며 증권 지식인에서는 증권 퀴즈도 풀어 볼 수 있다.

스톡케어   http://www.stockcare.co.kr

실시간 증권 방송 전문 사이트로 유료·무료 회원으로 나누어 서비스를 제공한다.

스톡피아   http://www.stockpia.co.kr

은행·증권회사의 온라인 서비스 평가, 투자 교육 등을 제공하며 유료·무료 서비스로 나뉜다.

씽크풀   http://www.thinkpool.com

투자 전략, 전문가 센터, 증권 생방송, 종목 분석, 해외 증시 등의 콘텐츠가 있으며 메신저 서비스가 있다.

아이피오스탁 http://www.ipostock.co.kr

공모주 청약 정보, 공모주 매매 등 공모주 관련 정보를 제공한다.

앵커스톡 http://www.anchorstock.co.kr

기술적 분석을 위한 다양한 콘텐츠, 시스템 트레이딩 프로그램, 선물 옵션 진단 시스템 등을 갖추고 있다.

아크론 리서치 앤 인베스트먼트 http://www.acn.co.kr

기업 핵심 리포트, 업종 테마 분석, 투자 컨설팅, 매매 동향 등에 관한 정보를 제공하며 유료로 운영한다.

예스스탁 http://www.yesstock.com

시스템 트레이딩을 위한 차트 분석, 자동 매매, 매매 신호, 증권 투자 정보 등을 서비스한다.

와이즈에프엔 http://www.wisefn.com

주식 투자 분석 시스템, 현재가 제공 서비스, 통합 투자 관리 시스템, 자산 운용 시스템 등을 갖추고 있다.

유에스인포 http://www.usinfo.co.kr

해외 주식 시장 정보, 세계 주요 지수, 현재가, 외환, 금리 등의 정보를 제공하고 유료로 운영된다.

이머니 http://www.emoney.co.kr

주식, 펀드 채권, 은행 상품, 보험, 부동산 등 금융 및 재테크 분야 전체의 정보를 제공하며 유료 · 무료 서비스로 나뉜다.

이모든 http://www.emoden.com

재테크, 대출, 보험, 부동산, 증권, 펀드 등 다양한 분야를 다루며 계좌 통합 관리 서비스, 전자 가계부 서비스, 재무 진단 클리닉 서비스를 한다.

이토마토 http://www.etomato.co.kr

실시간 주가 정보, 투자, 전략, 포트폴리오 등을 서비스하며 증권 방송도 한다.

이투자 http://www.itooza.com

기업 분석과 투자 교육에 관한 서비스를 유료 · 무료로 나누어 제공한다.

인베스트먼트카페 http://www.investmentcafe.co.kr

주가 정보, 뉴스 속보, 모의 주식 투자 게임, 종목 업종 분석, 전문가 전략 등의 콘텐츠가 준비되어 있다.

인포스탁 http://www.infostock.co.kr

증시 지표, 투자 전략, 증시 이슈, 시황 속보, 주요 지표 차트 분석 등의 정보를 제공하고 유료 · 무료 서비스로 나뉜다.

팍스넷 http://paxnet.moneta.co.kr

증권, 부동산, 펀드, 재테크, 예적금, 보험, 자산 관리 등의 콘텐츠가 있으며 인터넷 외 유무선 연계 서비스를 제공하고 있다.

아줌마가 3억 벌었어?

초판 인쇄 2005년 8월 18일 초판 발행 2005년 8월 25일

지은이 야마모토 유카 옮긴이 민성원

펴낸이 임용호 펴낸곳 도서출판 행복한종

영업 이동호 관리 김해형

인쇄·제본 천일문화사

출판등록 2005년 6월 16일 제300-2005-100호

주소 서울시 종로구 통의동 35-24 광업회관 3층

전화 02)735-6893 팩스 02)735-6892 전자우편 jongmhs@unitel.co.kr

값 10,000원 ⓒ 2005, Hangbokhan Jong printed in Korea

ISBN 89-956950-0-5 03320 잘못된 책은 바꾸어 드립니다.